Die neuen Schriftstellerinnen

Wiebke Eden

„Keine Angst vor großen Gefühlen“

Die neuen Schriftstellerinnen

edition ebersbach

Die Deutsche Bibliothek - CIP-Einheitsaufnahme

Ein Titeldatensatz für diese Publikation ist bei Der Deutschen Bibliothek erhältlich

1. Auflage 2001

Droysenstr. 8
10629 Berlin
www.edition-ebersbach.de
Umschlaggestaltung: Detlef Eden, Hannover
Satz: Verlag Die Werkstatt, Göttingen
Druck und Bindung: EUROADRIA d.o.o., Ljubljana

ISBN 3-934703-26-7

Für Stefan

Inhalt

Vorwort

Frauen brauchen ein Zimmer für sich allein, um schreiben zu können, befand die englische Schriftstellerin Virginia Woolf im Jahr 1928. Heute, mehr als sieben Jahrzehnte später, nehmen sich Frauen den Raum. Die Schriftstellerinnen, die derzeit auf dem deutschsprachigen Literaturmarkt für Furore sorgen, sind zwischen 25 und 45 Jahre alt, haben gerade beachtliche Debüts vorgelegt oder ihre Begabung schon in mehreren Büchern unter Beweis gestellt. Sie gehören zur jüngeren Schriftstellerinnen-Generation und setzen neue literarische Akzente. „Sie haben Spaß an guten Geschichten – und keine Angst vor Klischees und großen Gefühlen", konstatierte Literaturkritiker Volker Hage im „Spiegel". Selbstbewusst und selbstverständlich erzählen sie von Liebe, Lust und Leidenschaft, von Trennung, Verlust und Trauer. Sie schreiben sinnlich, gefühlvoll und melancholisch, dynamisch, witzig und bilderreich, ernst, kühl und distanziert. Sie vereinen Gegensätze: Statten Erotisches sachlich aus, nehmen Trauriges mit Ironie, hüllen Dunkles in lichte Zartheit. Wie Tanja Langer sind sie auf der Suche nach persönlicher Identität, wie Birgit Vanderbeke üben sie Gesellschaftskritik, wie Kathrin Röggla experimentieren sie mit Sprache. Ihre Literatur ist so vielfältig wie ihre Lebensgeschichten.

Für das vorliegende Buch habe ich elf Autorinnen ausgewählt, die einen Querschnitt der neuen weiblichen Literatur repräsentieren: Jenny Erpenbeck, Julia Franck, Judith Hermann, Felicitas Hoppe, Zoë Jenny, Stefanie Kremser, Tanja Langer, Grit Poppe, Kathrin Röggla, Birgit Vanderbeke und Maike Wetzel.

Zusammen saßen wir in Küchen und Cafés und sie erzählten: Wie und warum sie zu schreiben anfingen, wie ihr Alltag als Schriftstellerin aussieht, welche Pläne sie schmieden. Sie sprachen vom Glück und von der Mühsal des Schreibens, vom Traum einer Buchpublikation, von der Suche nach Verlagen und von dem oft mit Ängsten behafteten Schritt in die Öffentlichkeit. Öffentlichkeit bedeutet Anerkennung, aber auch Selbstpreisgabe und Verletzbarkeit. Durchsetzungskraft ist vonnöten: Der Literaturmarkt, auf dem überwiegend Männer Bücher von Männern rezensieren, lässt keine Zimperlichkeiten zu. Obwohl sie von Kritikern und Lesern Best(seller)noten erhalten, werden schreibende Frauen nicht genauso bewertet wie schreibende Männer. Im Frühjahr 1999 kam der Begriff „Fräuleinwunder" aufs Tapet. Gemeint waren damit vor allem Autorinnen wie Judith Hermann und Julia Franck, die gerade ihre ersten Bücher vorgelegt hatten. Plötzlich sprachen alle von ihnen, von den Frauen, die nicht nur attraktiv sind, sondern dazu noch gut schreiben können. Man reduzierte die jungen Autorinnen doppelt: erstens auf Marketingstrategie und Trend, zweitens verniedlichend auf das schöngeistig-schöne Geschlecht. Von gönnerhaftem Schulterklopfen begleitet landeten sie in einer Schublade, die kaum Platz ließ für die Unterschiede in der Sprache, im Erzählstil, in den Motiven und Geschichten.

Die neuen Autorinnen sind weder Fräulein noch Wunder. Sie sind Frauen, die ihr Talent im Schreiben haben. Das ist schlichtweg ihre Gemeinsamkeit. Man darf gespannt sein auf das, was weiterhin in den Köpfen der Frauen entstehen wird. Manche von ihnen brauchen Zeit, manche sind mit dem Einstieg erst richtig in Schwung geraten. Kreativität lässt sich nicht kalkulieren, die viel zitierten Musen wollen nicht gewaltsam herbeigeholt werden. Doch die große Lust der Frauen am Schreiben lässt auf Neues, Unerwartetes hoffen.

Wiebke Eden

Jenny Erpenbeck

„Sich mit Worten auszudrücken, war immer das Nächste“

“Als man es gefunden hat, stand es des Nachts auf der Straße, mit einem leeren Eimer in der Hand, auf einer Geschäftsstraße, und hat nichts gesagt. Als die Polizei es dann mitgenommen hat, ist es von Amts wegen gefragt worden, wie es heiße, wo es wohne, die Eltern wer, das Alter welches. Vierzehn Jahre alt sei es, antwortete das Mädchen, aber seinen Namen wußte es nicht zu sagen, und auch nicht, wo es zu Haus war. Die Polizisten hatten anfangs Sie zu dem Mädchen gesagt, aber jetzt sagten sie Du. Sie sagten: Du mußt doch wissen, woher du gekommen bist, wo du vorher gewesen bist, bevor du dich hier auf die Straße gestellt hast mit deinem leeren Eimer. Das Mädchen konnte sich einfach nicht daran erinnern. Es war ganz und gar Waise, und alles, was es hatte und kannte, war der leere Eimer, den es in der Hand hielt, noch immer in der Hand hielt, während es von der Polizei befragt wurde. Einer der Polizisten versuchte, das Mädchen zu beleidigen und sagte: Alles im Eimer, was. Aber das Mädchen merkte gar nicht, daß es beleidigt hatte werden sollen, und antwortete einfach: Ja.“ (Aus: Die Geschichte vom alten Kind)

Jenny Erpenbeck kommt aus einem Land, das es nicht mehr gibt. Die Städte und Dörfer des Landes gibt es noch und die Menschen, aber das, was ihren Alltag begründet hat, gibt es nicht mehr. „Ist wie im Schwarzen versunken“, findet Jenny Erpenbeck. Versunken in einer Novembernacht im Jahr 1989. Die damals 22-Jährige verlor ihre Herkunft, ein Stück der eigenen Geschichte. Das macht sie heute manchmal traurig. „Gar nicht, weil das eine System besser oder schlechter ist, sondern weil so viel Vertrautes wegfiel“. Angefangen bei etwas so Profanem wie DDR-Tütensuppen.

Das seltsame Gefühl, auf dem Koordinatensystem bei Null zu stehen, taucht in der Literatur von Jenny Erpenbeck wieder auf. Wie in der „Geschichte vom alten Kind“: Das Mädchen, das auf der Straße aufgegabelt wird, ist ein rätselhaftes Wesen ohne Vorgeschichte. Die Vergangenheit holt es erst am Ende wieder ein. Das Buch, mit dem die Autorin ihr literarisches Debüt gab, galt in der Rezeption als das „wohl wundersamste“ im Herbst 1999.

Hinter der mandarinfarbenen Fassade eines mehrstöckigen alten Berliner Wohnhauses. In einer just renovierten Wohnung mit viel Licht vom Prenzlauer Berg. Jenny Erpenbeck ist gerade eingezogen. Ich folge der Autorin, die barfuß läuft und einen kurzen weißen Rock trägt, durch die Zimmer. Sie ist begeistert: „Schön nicht?“ Und wie. Weiße Wände, Dielenboden. In dem Zimmer mit dem fast wandbreiten Bücherregal steht ein kleiner Schreibtisch schräg zu einem der beiden kleinen Rundbogenfenster. Manchmal verschränkt Jenny Erpenbeck ihre Arme auf dem Fensterbrett und schaut eine Weile nach draußen, auf die Fußgänger, die Halt machen in einem der Straßencafés mit geflochtenen Stühlen. Sie geht in die Küche, bringt Saftgläser mit und mischt Weinschorle. Wir setzen uns an den schmalen Holztisch, der vor dem zweiten Rundbogenfenster steht, und Jenny Erpenbeck holt Geschichten aus ihrer Zeit vor Null hervor. Aus der Zeit, als sie selbst ein Kind war, ein Kind, das in einer durch die Mauer getrennte Straße in Pankow aufwuchs. Ein Kind, das büchervessen war und in der Schule heimlich unter der Bank las. Das jeden Nachmittag brav von fünf bis sechs Klavier übte und mit sieben Jahren für ein Jahr nach Rom zog – die Mutter war mit einem Diplomaten verheiratet. Rom, phantastisches Rom, wunderbares Italien, das Jenny Erpenbeck bis heute liebt und sie begeistert erinnern lässt, an Pinien und Marmorstückchen, die sie in der verwilderten Gegend neben dem Neubaugebiet sammelte. An rosa und hellblaue Schleifen, die an den Türen hefteten, wenn ein Kind geboren war. An Botschaftsfeste und Empfänge: Schau, da ist eine Prinzessin, sagte die Mutter, und Jenny hielt Ausschau nach einer schönen jungen Frau und sah eine 80-jährige Greisin.

In der Botschaftsschule waren sie zehn deutsche Kinder, die nach dem Schlussläuten nie nach Hause wollten. Weil Schule Spaß machte und es Gruselstunden gab mit verhängten Fenstern, Kerzenlicht und Schauermärchen. Weil die Lehrer mit ihnen durch ganz Italien reisten, von Rom nach Neapel nach Florenz nach Venedig nach Rom. Als Jenny wieder in der DDR lebte, nahm sie sich vor, eines Tages nach Italien zurückzukehren. In der Schule büffelte sie fleißig, um die Erweiterte Oberschule (EOS) zu erreichen und danach studieren zu können, Romanistik. Wer Romanistik studierte, durfte nach Italien reisen. Sogar beim ungeliebten Ausdauerlauf im Schulsport biss sie sich durch: Ich muss laufen, um nach Italien zu kommen, spornte sie sich an.

„Den inneren Schweinehund soll man bekämpfen, sagt die Sportlehrerin am Ende jeder Sportstunde, nach dem Ausdauerwettlauf. Diesen Satz kennt das Mädchen, nur kann es sich nicht erinnern, woher, aber ganz sicher ist dieser Satz ihm schon einmal mit auf den Weg gegeben worden, als goldene Lebensregel.“ (Aus: Geschichte vom alten Kind)

„Ich weiß nicht, ob Italien die gleiche Anziehungskraft gehabt hätte, wenn ich wie ein Kind aus dem Westen jeden Sommer hingefahren wäre", überlegt Jenny Erpenbeck. Weil sie aber nach ihrem Aufenthalt nicht mehr hin konnte, wirkte das Land mystisch nach. Als die Wende kam, reiste sie sofort in Richtung Südstiefel und lernte auf dem Weg im Zug eine Architekturstudentin aus Venedig kennen. Die Studentin nahm sie mit in die Lagunenstadt. Künftig lag man zusammen auf der Terrasse im Sonnenschein und hörte venezianische Glocken läuten.

Wann sie zu schreiben anfing? Als Kind, das in nächster Nähe von Menschen umgeben war, die beruflich mit Büchern zu tun hatten. Die literarische Geschichte von Jenny Erpenbeck begann vor ihrer Zeit. Ihre Großmutter hieß Hedda Zinner, war einst Schauspielerin und in der DDR eine anerkannte Schriftstellerin. Ihr Großvater Fritz Erpenbeck, ebenfalls Schauspieler, fing eines Tages auch zu schreiben an, als Verfasser von Romanen und Krimis und als Theaterkritiker, der die Zeitschrift „Theater der Zeit" gründete. Jenny Erpenbecks Vater ist Philosoph und Autor von Romanen und Gedichtbänden, ihre Mutter Übersetzerin arabischer Literatur, die deutschen Übertragungen der Bücher von Literaturnobelpreisträger Nagib Machfus gehen auf ihr Konto. Die Eltern ließen sich scheiden, als Jenny fünf war, doch kam der Vater fast täglich: „Die Trennung war für mich konfliktfrei."

Die Familie stimmte den Nachwuchs literarisch ein. Auf Geheiß ihrer Eltern schrieb Jenny Tagebuch, notierte zunächst, welche Geschenke sie zu Weihnachten und zum Geburtstag bekommen hatte, wohin sie verreiste, wie es in der Schule lief, banale Alltäglichkeiten, dann Schwärmereien einer Pubertierenden, die sich fragte: Hat er mich angeschaut oder nicht? Als Tagebuch verwendete sie Schreibhefte in den verschiedensten Farben und Mustern, aus den verschiedensten Orten. Jedes Heft beschwört mit seinem Umschlag vergangene Bilder und macht die im Schwarzen versunkene Vorgeschichte buchstäblich wieder greifbar. Im Laufe der Jahre hat sich so eine Reihe abgegriffener Hefte angesammelt, die statt einer Sesselecke oder Einbauküche den Kern ihres Zuhauses ausmachen. Eine Zeitlang hatte Jenny Erpenbeck ihre Berliner Wohnung untervermietet, weil sie in Graz lebte. Ihren Bauernschrank ließ sie zurück und in ihm eingeschlossen die Dokumente ihrer Vergangenheit – damit Geschichte von ihr in Berlin blieb.

Manchmal schrieb sie als Mädchen fast ungern. Handschrift drückte für sie zu sehr Persönlichkeit aus, das hemmte sie. Eines Tages bekam sie von ihren Eltern eine Schreibmaschine geschenkt, eine hellblaue transportable Plastikschreibmaschine. Fortan fiel ihr Schreiben leicht. „Durch die Schreibmaschine habe ich mich selbst ausgetrickst. Dadurch stand ich mir nicht mehr unmittelbar gegenüber." Die gedruckten Buchstaben auf dem Blatt Papier gaben ihr das Gefühl, nichts mit ihr zu tun zu haben – „das hat mir geholfen, beim Schreiben freier zu werden": „Ich habe Texte geschrieben, die ich mit der Hand nie geschrieben hätte." Die Schreibmaschine schleppte sie überall mit hin. Die Mutter spottete: „Jemine, du bist doch nicht Thomas Mann."

Sie schrieb Kurztexte von ein bis zwei Seiten. Betrachtungen. „Wenn mich etwas beschäftigte, habe ich daraus einen schwer romantischen Text gemacht." Einmal arbeitete sie vier Wochen in einem Krankenhaus und lernte einen älteren Mann kennen, der kurz darauf starb. Er hinterließ nichts, nur eine billige Plastiktasche mit Waschutensilien. Jenny Erpenbeck schrieb auf, was von einem übrig bleibt, der keine Verwandten hat und ohne Geschichte erscheint. Ein andermal kam sie im Altenheim mit einer Frau in Kontakt, die ihr ein Klassenfoto zeigte und Namen aufzählte von den Schulkameraden, die längst tot waren, aus der Gegenwart herausgelöst. Ein Foto erwacht zum Leben, wenn jemand die Menschen darauf zum Leben erweckt, schrieb Jenny Erpenbeck. Stirbt dieser Jemand, kann niemand mehr zu dem Foto Geschichten erzählen, es wird banal und austauschbar. Die Texte von damals, die immerhin im „Sonntag", dem heutigen „Freitag", erschienen, sind ihr inzwischen „ein bisschen peinlich“: „Ich habe mich von meinem Pathos überschwemmen lassen.“ Sie runzelt spöttisch die Stirn und schiebt trotzig die Lippen zusammen. „Das Pathos habe ich immer noch, aber ich habe eine andere Art gefunden, damit umzugehen.“ Sie versuche das Negativ einer Geschichte herzustellen, indem sie kühl erzähle und den emotionalen Hintergrund nur indirekt aufscheinen lasse. Ihre nüchterne Erzählweise, die Belletristik mit essayistischen Mitteln durchsetzt, kennzeichnet auch die „Geschichte vom alten Kind“. Doch bis zum ersten Buch dauerte es noch.

Als sie die Schule abgeschlossen hatte, bekam sie es auf handwerkliche Art mit Büchern zu tun. Italien rückte in den Hintergrund, sie lernte Buchbinderei. Inzwischen hatte sie ernsthaft zu zeichnen angefangen. Sie wollte Gebrauchsgrafik studieren, kam auf die Idee, dass sie ihren grafischen Schwerpunkt auf Buchgestaltung legen könnte – eine Buchbinderlehre vor dem Studium bot sich als Vorbereitung an. Fortan falzte sie von 6.30 bis 16.10 Uhr Papier, klebte Pergaminseiten in Fotoalben, stanzte aus alten Lederresten Schlüsseltaschen und bastelte Kästchen mit Lederbezug und wattiertem Deckel, der sanft pufffte, wenn man ihn zufallen ließ. Jenny Erpenbeck war ständig todmüde, weil sie so früh aufstehen musste. Das Schönste am Morgen war „Fidschi“, damals ihr Lieblingsparfum. Düfte haben etwas so Magisches wie abgegriffene Tagebuchhefte: Sie holen Geschichten hervor. Eines Tages wird Chanel No. 19 sie an die Zeit jetzt erinnern.

In ihrer Freizeit zeichnete Jenny Erpenbeck, unter anderem im „Haus der jungen Talente“. Sie stellte Zeichenmappen zusammen, um sich damit an Kunsthochschulen zu bewerben. Dachte aber immer, nicht gut genug zu sein. Schließlich verleideten tagelange Eignungsprüfungen ihr den Spaß. Sie saß beim Aktzeichnen in einer Runde eifrig bemühter Prüfungskandidaten und dachte: So richtig freuen tut's mich nicht. Durch das Zeichnen hatte sie versucht, sich von der Familie abzugrenzen, abzunabeln, um eine eigene kreative Identität zu finden. Trotz aller Liebe zur Literatur wollte sie nicht nur auf das Schreiben festgelegt sein: „Ich dachte, beim Zeichnen habe ich etwas für mich, was keiner in meiner Familie macht.“ Sie überlegte, Mode zu studieren. Kam dann auf das Theater, auf Kostüme und Bühnenbild. Ein Jahr lang hospitierte sie nach der Buchbinderlehre am Theater in Frankfurt an der Oder und an der Staatsoper in Berlin. Sie sah bei den Proben zu, war aber eigentlich Requisiteuse und Ankleiderin, richtete Garderoben her und lernte so praktische Fertigkeiten wie Adler von der Beleuchterbrücke zu werfen, künstliche Zigarren zu bauen oder Socken zusammen zu legen. Einmal schmolz ihr beim Bügeln der Tüll ei-

nes Ballettkleides weg. Wenn die Sängerinnen, die sie als Ankleiderin betreute, nach Weihnachten mit einem zehn Zentimeter dickeren Marzipan-Leib zurückkamen, ärgerte sich Jenny Erpenbeck: Dann durfte sie in mühsamer Fummelarbeit die Haken der Mieder umsetzen.

Als sie bei der Prüfung zur Schauspielerin durchrasselte („Ich wollte wissen, ob ich das kann"), begann sie an der Berliner Humboldt-Universität Theaterwissenschaften zu studieren und trat damit doch ein bisschen in die Fußstapfen der Großeltern. Zwei Jahre vergingen, dann wechselte sie in die Opernregieklasse an der Hans-Eisler-Schule, wo sie Gelegenheit hatte, Regiekurse und Praktika bei Ruth Berghaus, einer der bedeutendsten Musiktheaterregisseurinnen des 20. Jahrhunderts, zu absolvieren. Sie waren ein kleiner Kreis Studenten „mit Elitebedingungen". Gerade einmal drei Leute studierten mit Jenny Erpenbeck im Jahrgang. Sie lacht: „Wenn wir schwänzen wollten, mussten wir uns immer absprechen." Ihre Diplom-Inszenierung machte sie zu Bartoks „Herzog Blaubart" und steckte eine Menge Ehrgeiz in das Projekt. Statt einer Aufführung mit Gesangsstudenten auf der Hochschulbühne plante sie eine außerhalb der Schule. Kriegte 30.000 Mark Sponsorengelder zusammen, fand Sänger, Bühnenbildner und einen „genialen Klavierspieler". Das Stück ist in der Parochialkirche aufgeführt worden und im Berliner Szene-Kulturschuppen „Tacheles". Es gab rauschenden Beifall und eine glatte Eins.

Dann fuhr sie mit ihrem Freund nach Los Angeles. Sie suchte ein freies Opernensemble, bei dem sie hätte mitmachen können. Sie fand nur Hollywood und den Film. Also schrieb sie wieder, die „Geschichte vom alten Kind". Die Geschichte, die sie seit längerem im Kopf hatte: „Es gibt Geschichten, bei denen man weiß, dass sie gut sind, und ich wusste, meine Familie würde sie nicht aufschreiben."

Damals, als die Geschichte passierte, die ihr die Grundlage für den Roman geben sollte, war Jenny Erpenbeck gerade dabei, aus ihrer Kindheit herauszuwachsen. Ihre Großmutter korrespondierte mit einer Vierzehnjährigen. Nach einiger Zeit stellte sich heraus, dass das Mädchen tatsächlich eine dreißigjährige Frau war. Jenny Erpenbeck ließ sich die Briefe geben und verwahrte sie in einer Mappe. Als sie begann, die literarische Geschichte aufzuschreiben, versuchte sie, die Frau ausfindig zu machen. Es gelang ihr nicht, dafür machte sie selbst die Probe aufs Exempel. Vier Wochen lang setzte sie sich in eine Gymnasialklasse – als angebliche Siebzehnjährige. Niemand merkte, dass sie damals zehn Jahre älter war. Auch jetzt, fünf Jahre später, ist ihr Alter schwer zu schätzen. Mit ihrem hellen, zarten Gesicht könnte sie 33 oder erst 23 Jahre alt sein.

Jenny Erpenbeck hatte nicht die Absicht, das Erlebnis der Großmutter authentisch nachzuerzählen. Sie wollte keine psychischen Mechanismen rekonstruieren. Sie nutzte das erwachsene Mädchen als Modell, um eine eigene künstlerische Figur zu entwerfen. Sie weiß nicht, wie die Frau aussah, bei ihr ist sie ein dickes, klobiges Mädchen. Dick, um Verbarrikadierung zu verbildlichen, die verbarrikadierte Vorgeschichte. „Ich hätte sie auch spillerig und magersüchtig machen können", sagt Jenny Erpenbeck. „So aber bekam sie einen Schutzschild, der die Form, die dahinter steht, verwischt und unkenntlich macht. Vielleicht aber habe ich sie auch so dick konzipiert, um sie von mir möglichst weit weg zu rücken." Sie weiß, dass Schreiben „immer mit einem selbst zu tun hat", doch sträubt sie sich, offenkundig autobiografische Parallelen zu ziehen. Weder sich noch dem Publikum gestattet sie durch den Text Nähe.

Den für die Leserinnen und Leser spürbarsten Abstand schafft sie durch ihre Sprache. Nüchtern ist die. Sachlich. Verschlossen. Macht Geschehen sichtbar, aber undurchdringlich wie eine Plexiglasscheibe. „Ich glaube, ich habe meine Sprache immer gehabt – irgendwie", sagt Jenny Erpenbeck. „Ich weiß gar nicht, ob sie sich großartig verändert hat, seitdem ich angefangen habe, auf meiner Schreibmaschine zu schreiben."

Sprache und Protagonistin bilden in ihrer Unnahbarkeit eine Einheit. Sympathisch ist das Mädchen in der „Geschichte vom alten Kind" nicht, aber seine Erfinderin hat die Figur gern: „Sie hat mein tiefes Mitgefühl als verlorenes Geschöpf und meine Sympathie in der Energie, die sie entfaltet. Auch ihre Negativ-Energie, dieses Infame, das sie hat, finde ich reizvoll. Es gefällt mir, dass sie nicht so einfach gestrickt ist und mit Dingen, die verpönt sind, Lügen zum Beispiel, spielt. Sie ist kein Opfer."

Wie offenbar schon die reale Figur wird auch die literarische Figur in ein Kinderheim gesteckt. Sie ist eine Einzelgängerin, die sich in der Kollektivität der Institution sicher fühlt. Die Kinder lachen sie aus, weil sie unbeholfen und schwerfällig ist, sie reagiert mit stummer Demut. Ehrgeiz hat sie keinen. Beim Englischtest in der Schule meldet sie sich, um immer die gleiche Frage zu stellen. Sie empfindet es als Gnade, aufgenommen zu sein und gleichzeitig aufgegeben zu werden.

„Und als gleich am ersten Tag, während es über den Platz geht und an seinem Fingernagel nagt, ein Kleiner es anrempelt, so daß es fast fällt und sich mit der Hand auf dem Boden abstützen muß, beginnt es zwar, einen kleinen Moment lang zu schluchzen, aber es tut das nicht ungern. Denn daß ein Kleiner es anrempelt, damit es in den Dreck falle, und so sehr anrempelt, daß es schluchzen muß, weckt in dem Mädchen die Hoffnung, daß ihm verstattet sein wird, einen der unteren Plätze in der schulinternen Hierarchie zu belegen, womöglich sogar den untersten, und der unterste Platz ist immer der sicherste, nämlich genau der, dessen Ansprüchen es auf jeden Fall wird standhalten können. So wischt es sich nicht einmal den Dreck von der Hand, sondern geht weiter und schluchzt ein bißchen und beginnt dann wieder an seinem Fingernagel zu nagen, der beschmutzt ist." (Aus: Geschichte vom alten Kind)

Die Kinder fangen an, das Mädchen zu benutzen, als sie merken, dass sie für niemanden Partei nimmt. Sie sagt das, was man ihr aufträgt zu sagen, sie verwahrt Geheimnisse. Eine Zugehörige ist sie nicht. Eines Morgens liegt sie im Bett und kann sich nicht mehr bewegen. Sie wird auf die Krankenstation gebracht. Das Ende läuft im Zeitraffer ab: Das Fett am Körper des Mädchens schmilzt, eine erwachsene Frau kommt zum Vorschein – *„ihr Schelmenstreich ist gestrandet, ihr Versuch, die Zeit anzuhalten, fehlgeschlagen"*.

Die „Geschichte vom alten Kind" greift vielerlei Motive auf: Die Verweigerung erwachsen zu werden, den schmerzhaften Ablösungsprozess von Vergangenem, die Sehnsucht nach Sicherheit, die Vergeblichkeit des Versuchs Zeit zu konservieren, die Suche nach Identität. Nicht zuletzt lässt sich die Geschichte als politische Parabel lesen, das Heim vielleicht als Symbol der DDR verstehen, als Symbol der sozialistischen Kollektivität und Abschottung. „Ich habe schon den Vergleich mit der DDR im Kopf gehabt", bestätigt Jenny Erpenbeck, „das passiert automatisch, wenn man ein geschlossenes System mit einem offenen vergleicht." Der Niedergang der DDR bedeutete für sie einen radikalen Umbruch, der sie bis heute persönlich und damit auch literarisch beeinflusst. Ihre Gefühle versucht sie über einen Vergleich in Worte zu fassen: Ein Freund drehte einen Film über Arbeitslose, „Ohne Arbeit" nannte er das Werk.

„Das trifft es vielleicht: Ich bin nicht DDR-los, sondern ich bin ohne DDR." Da war etwas, das Halt gab und nun fehlt, sie fortan zwang, sich einen neuen Platz zu suchen, als Deutsche in deutscher Fremde. „Die Leute, die noch genaue Erinnerungen an das Leben in der DDR haben, sterben mit meiner Generation aus. Es verblüfft mich noch immer, dass Menschen, die in einem Land leben, nicht dieselbe Sprache sprechen. Zum Beispiel muss ich immer wieder mal erklären, was eine EOS war." Einer ihrer Generation ist der Schriftsteller Ingo Schulze. Als sie ihn neulich traf, war sie „gerührt, weil ich so sehr merkte, dass er aus der DDR kommt. Woran ich das gemerkt habe, kann ich gar nicht genau sagen. Er erzählte von seiner bevorstehenden Reise nach Venedig. Vielleicht habe ich es an seiner Freude gemerkt, daran, dass er es schätzte, irgendwo hinfahren zu können." Das sind Momente, wo Heimat aufscheint, vergangene Heimat. In der Gegenwart fühlt sie sich immer noch nicht so ganz angekommen. Nicht ganz zugehörig.

Ein Jahr lang hatte Jenny Erpenbeck an der „Geschichte vom alten Kind" geschrieben, anschließend das Manuskript für Jahre in die Schublade gelegt. Eines Tages schrieb sie eine neue Geschichte, einen monologischen Briefroman über eine unglückliche Liebe. Die leidende Liebende war sie selbst, das Schreiben half, sich „seelisch über Wasser zu halten". Was sie sich beim ersten Romanentwurf nicht traute, ging sie jetzt aus Liebeskummer und Verzweiflung mutig an: Sie schickte das Manuskript an einige Verlage. Nur einer, der Eichborn-Verlag, zeigte sich interessiert und erkundigte sich nach mehr. Die Liebesgeschichte, die im Leben von Jenny Erpenbeck glücklich ausging, ist nicht gedruckt worden – aber die „Geschichte vom alten Kind". Das Buch markierte die gelungene Premiere einer jungen Autorin. Die Geschichte hatte eindrucksvollen Erfolg. Den Jenny Erpenbeck mittlerweile, wo sich das Gefühl des Überrumpeltseins gelegt hat, lächelnd quittiert: „Wahrscheinlich habe ich so viel Glück in meinem Leben gehabt, weil ich ein Sonntagskind bin." Natürlich lag es nicht am Glück allein: „Ich wusste, dass ich mich durch das Schreiben gut ausdrücken kann, aber ich wusste nicht, ob ich ein gutes Buch geschrieben habe." Die Eigenarten, die das Buch ausmachen – dass es ohne Dialoge auskommt, sein analytischer Ton, seine abgrenzende Form – hat sie selbst, die mit erfolgreichen Schreibern aufgewachsen ist, lange für Fehler gehalten. Manchmal ist sie überrascht, dass so viele Menschen das Buch lesen, „weil die Hauptfigur keine ist, mit der man sich gerne identifiziert".

Die Medien platzierten die erfolgreiche Newcomerin in das „Fräuleinwunder"-Schaufenster. „Ingeborg Bachmann hätte wahrscheinlich keiner als

Fräulein bezeichnet", moniert Jenny Erpenbeck. Eigentlich ist ihr das Geschrei um das „Fräuleinwunder" herzlich egal. Das sei eine Hausnummer, bei der die Leute wüssten, wer gemeint sei. Abgesehen davon verwende keiner den Begriff tatsächlich 1:1. Letztlich fühle sie sich auf dem Literaturmarkt ernst genommen. „Vielleicht geht das Fräuleinwunder mit einer neidvollen Bewunderung der Männer einher. Dass sie denken: Die sind jung, schön und können obendrein noch schreiben – Schweinerei." Einmal kriegte sie mit, wie ein älterer Herr bei einer Lesung vermutete: Die jungen Frauen schicken den Literaturagenten bestimmt Fotos, vielleicht sogar Nacktfotos, kein Wunder, dass sie dann gedruckt werden. Jenny Erpenbeck grinst: „Ich habe weder einen Agenten engagiert noch ein einziges Foto verschickt."

Männern gegen den Bug fahren möchte die Autorin übrigens nicht: „Ich sehe mich nicht als Emanze", stellt sie klar. „Ich habe die Männer gern und bin auf dem Wege zu erkennen, dass sie halt anders denken und dass man das nicht schlecht finden muss. Früher hielt ich Männer auch für unsensibel, heute denke ich, dass es vielleicht auch von Vorteil ist, nicht jedes Problem zu zerreden."

Als Regisseurin musste sie lernen, sich zwischen den Männern, die gemeinhin das Theater regieren, durchzusetzen. Weil sie so jung aussieht, „die kleene Blonde", fühlte sie sich immer wieder dazu herausgefordert, ihre Kompetenz unter Beweis zu stellen. „Ich habe es öfter erlebt, dass man dachte, die kann das nicht – aber ich konnte es ja." Nach ihrem Studium und einem Geldverdienjob in einer Berliner Bäckerei hatte sie am Grazer Opernhaus einen Posten als Regieassistentin bekommen. Drei Jahre machte sie das, anfangs begeistert, dann zunehmend missmutiger. Als Assistentin kann man allenfalls Ideen liefern, ansonsten kümmert man sich hauptsächlich um den organisatorischen Teil der Arbeit. Heute arbeitet Jenny Erpenbeck frei als Opernregisseurin, inszeniert meist in Österreich: Graz, Sankt Pölten, Linz, und empfindet es als „Luxus, so etwas als Brotberuf zu haben". In Graz führte sie ein Stück auf, das sie selbst geschrieben hat: „Katzen haben sieben Leben". Ein Stück, das aus fragmentarischen Dialogen besteht, gesprochen von Figuren, die aus dem Nichts herausgeschnitten sind, keine Namen tragen, nur A und B sind, anfangs eins, dann gespalten in zwei Frauen, die ihre Identität von Episode zu Episode wechseln, sich gegenseitig töten und nach jedem Tod, der als karge Regieanweisung eintritt, in einem neuen Leben auferstehen müssen: So sind sie Mutter und Tochter, Großmutter und Enkelin, Freundin und Freundin. Mit achselzuckendem Sarkasmus werden Tragödien skizziert – als Folie für menschliche und gesellschaftlich definierte Beziehungen, die Nähe suggerieren mögen, aber nicht erzeugen und statt dessen quer zueinander laufen. „Katzen haben sieben Leben" ist ein irritierendes, verblüffendes, zorniges, beklemmendes, schockierendes Werk über das Ringen nach Integrität. Mit der erneuten Zusammenführung von A und B schließt es, kommt zur Ruhe:

„Jetzt hat die Jagd ein Ende und das Wild ich
Strecke meine Glieder aus und legt den Kopf
In meinen Schoß ich bin der Jäger
Und ich bin das Wild
Die Flucht hat mehr geschmerzt
Als dieser Brand von innen,
Die Krankheit, die ich
Mir ausgerissen hab
Mit ihr mich selbst
Und hab geglaubt, dass
Ich vergessen dürfte, wer ich bin
Wenn ich nur lang genug gelaufen wär,
Um müd zu sein,
Jetzt bin ich müd, die Schlacht war lang und laut,
Ich war die Schlacht
Die Augen zugekleistert und die Ohren taub
Stand ich auf beiden Seiten
Und ich hab, den Feind zu martern, noch
Das Messer umgedreht im eignen Leib doch jetzt
Will ich nicht länger flieh und Fleisch sein
Und blind und taub mich stellen komm zu mir
Ich breit die Arme aus
Und heiße dich willkommen
Den Schrecken, der ich bin der du bist
Was wird das weiß ich nicht
Nur eins
Wär es ein Anfang
Solls mir recht sein
Und wärs das Ende
Auch.
(Aus: Katzen haben sieben Leben)

Jenny Erpenbeck inszenierte die Vorlage asymmetrisch: Äußeres stand nicht mit Innerem im Einklang. Körper und Wort der Schauspielerinnen divergierten, physische Verrenkungen unterminierten die Sprache und umgekehrt. Die Kritik reagierte fasziniert und ablehnend. Die Regisseurin versuche, ihre Schauspielerinnen in Sprechpuppenmanier zu führen, bemängelte ein Rezensent. „Genau das habe ich getan", bestätigt Jenny Erpenbeck. „Wenn der Kritiker das nicht mag, ist das Geschmackssache."

Wie lange es sie in Österreich hält, wird sich zeigen. Wie lange es sie an der Oper hält, wird sich ebenso zeigen. Obwohl sie es liebt, mit Musik zu arbeiten, fühlt sie sich am Theater, in der Oper nicht verwurzelt. „Ich gehe gar nicht so gern in die Oper. Lieber höre ich sie mir zu Hause an." Manchmal bereut sie es, nicht Film studiert zu haben: „Beim Film kann man aus dem Material noch etwas machen, es nachträglich bearbeiten und montieren. In der Theaterregie drückt man sich nur über die Schauspieler direkt aus. Wenn jemand deine Ideen nicht mitträgt, kostet das viel Energie."

Obwohl sie sich ungern auf die Rolle der Schriftstellerin festlegen lässt, weiß sie, dass Schreiben mehr ihre Sache ist als manches andere: „Das habe ich immer gern gemacht, und ich habe das Gefühl, dass ich das auch unter Druck immer noch gern mache. Lesen und Schreiben gehören zu mir", sagt sie, die schon an einem zweiten Roman schreibt. „Jemand, der in einer Familie aufwächst, wo das Schreiben ein normaler Arbeitsvorgang ist, geht anders damit um. Da ist Schreiben nicht so etwas Hehres. Es gibt in meiner Biografie keinen Punkt, wo ich mich für das Schreiben entschieden hätte. Es war immer anwesend, sich mit Worten auszudrücken. Das war immer das Nächste."

Julia Franck

„Beim Schreiben ist man mit sich und der Geschichte allein"

Julia Franck findet, dass sie auf dem Foto im Buchumschlag von „Liebediener" aussieht wie eine Putte – den Kopf in die Hand gestützt, verträumt an eine unsichtbare Decke lächelnd. Süßlich inszeniert. Ihr Gesicht mit den weichen Konturen, der kleinen Nase, den fein geschwungenen Brauen und nachdenklichen Augen mag dazu inspirieren. Ihre Bücher zeigen sie anders.

In „Liebediener", dem Roman, der sie bekannt machte, erzählt sie die Geschichte von Beyla, die durch den Unfalltod ihrer Nachbarin Albert kennenlernt und sich ihm liebedienend an die aftershavebalsamierte Brust wirft. Albert spielt Klavier und finanziert sein Leben mit bezahlten Liebesdiensten. Von wegen engelhaft.

In ihrer Romanpremiere „Der neue Koch" gibt die Autorin einer jungen Hotelbesitzerin das Wort, die ihre listige Boshaftigkeit in Trägheit hüllt. Eine brave Teufelin.

Der Erzählband „Bauchlandung", Julia Francks drittes Buch, das ihre literarische Position noch weiter stärkte, widmet sich unter anderem der Sinnlichkeit von begehrenden Frauen. Himmlisch wollen die es nur beim Sex.

Julia Franck hat nichts mit einem melancholischen Flügelwesen gemein, weder als Erwachsene noch als Kind. Geboren und mit vier Schwestern aufgewachsen ist die Autorin in Ost-Berlin. In der Zeit, in der viele Menschen aus Solidarität mit dem ausgebürgerten Liedermacher Wolf Biermann das Land verlassen wollten, stellte auch Julia Francks Mutter einen Ausreiseantrag. Erst nach vier Jahren Wartezeit, Julia Franck war acht, kam die Bewilligung und die Familie überquerte die Grenze zur Bundesrepublik. Die Ankunft gestaltete sich grau: Die Mutter und ihre Töchter kamen vorerst im Flüchtlingslager unter. In entbehrungsreichen neun Monaten lebten sie „auf engstem Raum in ärmlichsten Verhältnissen". Für üppige Geschenke zu Weihnachten fehlte das Geld. Die Mutter schenkte Julia Franck ein Heft mit Glanzumschlag und Blankopapier, „Tageheft" stand darauf. Es war wertvoller, als eine Schlafaugenpuppe oder ein dicker Teddybär es hätten sein können, denn gerade das Schreiben half dem Kind, sich über den tristen Lageralltag hinwegzutrösten. Schon in der Zeit, als

sie noch nicht zur Schule ging, hatte sich Julia Franck mit den Schwestern abenteuerliche Geschichten ausgedacht, die sie begeistert aufschrieb, als sie das Zusammensetzen von Buchstaben in Wörter und Sätze eben erst gelernt hatte. Lauter Papier mit ungelenker Kinderschrift füllend ließ das Mädchen damals seiner Phantasie freien Lauf, fabulierte von Eichhörnchen und Bären, von Prinzessinnen und Prinzen. So auch im Flüchtlingslager. Für ihr „Tageheft" dachte sich Julia Franck ständig neue Geschichten aus, Geschichten, durch die persönliche Anstrengung und Anspannung sich lösten. Dabei begann die junge Autorin nach und nach Erlebtes und Erfundenes, Alltag und Märchen miteinander zu mischen, mitunter verschlüsselt. „Einmal schrieb ich eine Geschichte von zwei Eichhörnchen, die sich verlaufen. Da kommt man nicht umhin, das metaphorisch zu deuten", sagt Julia Franck lächelnd. „Das Schreiben hab ich mir von früh an angeeignet als Ausdruck meiner persönlichen Verfassung. Schreiben war, auch wenn das kitschig klingt, innere Notwendigkeit." Die zierliche Autorin mit dem dichten kaffeebraunen Haar spricht bedächtig, wählt ihre Worte sorgfältig. Ihre Stimme ist von dunklem Timbre, weniger mädchenhaft, als sie äußerlich erscheinen mag. Wir sitzen auf einer breiten Couch, über der eine gestreifte Decke aus Guatemala liegt. Auf dem runden alten Tisch dampft neben einer Vase mit Rosen grüner Tee aus bauchigem Porzellan. Konfetti vom Spiel mit dem Kind der Freundin tupft den Dielenboden bunt.

Nach den Monaten im Lager siedelten Julia Franck, ihre Schwestern und ihre Mutter nach Schleswig-Holstein über und waren plötzlich Fremde, hier wie dort. In der Bundesrepublik galten sie als „die aus dem Osten", besuchten sie die Verwandtschaft in der DDR, waren sie „die aus dem Westen". Julia Franck fühlte sich nur noch im Schreiben zu Hause. Auch später, als sie wieder in Berlin, diesmal im Westen der Stadt, lebte. Das Schreiben begleitete sie und fing sie immer wieder auf, in der Kindheit genauso wie in der Zeit des Erwachsenwerdens. Mit siebzehn, achtzehn begann sie zu experimentieren, sie formte Gedichte und versuchte sprachlich „nüchterner und präziser zu werden".

Nachdem sie ihr Abitur mit Eins bestanden hatte, studierte Julia Franck Jura. Sie dachte, sie müsste ihren Notendurchschnitt ausnutzen. Als Schülerin hatte sie sich ihr Taschengeld mit Kellnern verdient, den Job kündigte sie jetzt. Sie bewarb sich als freie Mitarbeiterin beim „Tagesspiegel". Das war nicht so lukrativ wie Kellnern, aber spornte die Schreiberin an.

Doch gerade das Schreiben kam zu kurz, da sich das Studium zu aufwändig gestaltete und über Jahre seinen Tribut fordern würde. Sie konnte sich nur für das eine oder andere entscheiden und dachte nach. Zwar war das Schreiben zu sehr Teil von ihr, als dass sie es verpackt, verschnürt, beiseite geräumt hätte, doch traute sie sich damals nicht, Schreiben als Berufswunsch zu formulieren: „Schriftstellerin werden zu wollen, das wäre mir peinlich und lächerlich vorgekommen, weil ich wusste, was man zum Lebensunterhalt braucht und ich nicht in der finanziellen Lage war, mir das leisten zu können. Die Vorstellung, dass ich zu Hause schreibe und davon leben kann, lag Lichtjahre entfernt." Näher lag Amerika. Um Abstand zu einer einschneidenden privaten Veränderung zu gewinnen, unterbrach sie das Studium und zog nach San Francisco. Kost und Logis verdiente sie sich durch Mitarbeit in der Aidshilfe. Von Amerikas Westküste reiste sie weiter nach Mexiko und Guatemala, eine „diffuse Sehnsucht" trieb sie dort hin. Sonnenwarme Luft weitete die Lungen – „ja, das ist sehr schön da". Sie lernte Spanisch. Als sie nach Deutschland zurückkehrte, schlug sie eine andere Richtung ein und machte mit einem neuen Studium einen neuen, schreibfreundlicheren Anfang, Alt-Amerikanistik, Philosophie und Literatur.

Drei Romane fing sie an. In einer Geschichte schilderte sie den Alltag eines Fahrradkuriers, der tagtäglich unzähligen Menschen begegnet. Eines Tages verliebt er sich.

Ein zweiter Roman erzählte von einem Mann, der in Büchern lebt, bis er einer Kellnerin begegnet, durch die er mit der gelesenen Welt kollidiert.

Die dritte Romanidee war ihr an der wackelerdigen amerikanischen Westküste gekommen. Sie ersann eine Geschichte von Menschen, die ein Erdbeben überleben.

Doch die drei Romane blieben Fragmente. Wer Franz Kafka, Natalia Ginzburg und Gottfried Benn schätzt, die durch ihre konkrete schlichte Sprache bestechen, hat hohe Ideale vor Augen. „Durch meine eigenen Leseerfahrungen war ich damals sehr selbstkritisch", weiß Julia Franck heute. Die drei angefangenen Manuskripte hat sie noch, aber „ich würde sie niemandem zeigen".

Wenn der Schreibfluss stockte und sie mit einem Roman nicht weiterkam, schrieb sie Kurzgeschichten. 1995 nahm sie an einem Kurzgeschichten-Wettbewerb der Berliner LiteraturWERKstatt teil – mit Erfolg: Sie gewann den ersten Preis, einen bedeutsamen ersten Preis, weil er sie das erste Mal mit Öffentlichkeit konfrontierte und ihr erstmals eine professionelle Resonanz gab, die noch dazu eine bestätigende und ermutigende war. Im Nachhinein erscheint ihr die Auszeichnung noch wichtiger, da sie viel früher kam als der Medientrubel um das „Fräuleinwunder" in der Literatur. Den Preis gewann sie ohne Namen, ohne Foto, ohne mediale Öffentlichkeit, sondern allein durch ihren Text. Das motivierte. Mit gewachsenem Selbstbewusstsein schickte die Preisgekrönte drei ihrer Kurzgeschichten an Verlage. Auch die Lektoren reagierten angetan, sie fragten nach mehr. Mehr hatte sie noch nicht. War es ihr bisher auch nicht gelungen, längerfristig an ihren Texten zu feilen, so ermutigten die Reaktionen sie jetzt, „mit Selbstkritik konstruktiv umzugehen". Statt einen Text wegzuschließen, weil er ihr nicht mehr gefiel, überarbeitete sie ihn. So kam der „neue Koch" zu Stande, ein ganzer Roman, das erste Buch. Um über Monate zu Hause am Schreibtisch sitzen zu können, hatte sie monatelang im Büro gejobbt. Als das Manuskript endlich fertig war, traute sie sich nicht, es an einen der Verlage zu schicken. „Ich hatte Angst, die Erwartungen zu enttäuschen." Dann schickte sie es doch ab.

Eine junge Frau steht im Fokus der Erzählung. Sie hat von ihrer Mutter ein Hotel geerbt, das sie temperamentlos führt. Selbst ein toter Hotelgast lässt sie ungerührt. „Ich habe bei wohlbehüteten Freunden gesehen, dass sie aus dem Wohlbehütetsein nicht herausfanden, weil ihnen im Grunde nicht einfiel, was sie mit ihrer Freiheit und ihrem Geld anfangen könnten", schildert Julia Franck ihre Idee. Auch die Protagonistin ihres Buches, immerhin Besitzerin einer Immobilie, zieht dem Lebensgenuss miefige Monotonie vor. Ein anderer dagegen, der neue Hotelkoch, hat schillernde Ideen, die aus dem unscheinbaren Betrieb ein originelles Gasthaus machen könnten. Zusammen mit den Stammgästen versucht er die Besitzerin beiseite zu drängen. Die aber wehrt

sich mit widerspenstiger Lethargie und Gerissenheit. „Es hat mir Spaß gemacht, eine Figur zu entwickeln, die so ein Faulpelz ist, dabei aber beharrlich und bösartig", Julia Franck grinst wie ein Kobold. „Sympathisch ist sie einem, wenn man an sich selbst boshafte Seiten akzeptieren kann."

Mit dem gedruckten Buch kam die Öffentlichkeit, der Auftritt vor Publikum – und damit die Angst. „Schreiben ist ja ein zurückgezogener Ausdruck", sagt sie. „Man ist beim Schreiben mit sich und der Geschichte allein, ist in dieser Stimme, die man da entwirft und entwickelt. Bei einer Lesung bekommt alles plötzlich etwas Anschauliches." Der intime Dialog zwischen Schreiberin und Text weicht einem zur Schau gestellten Dialog, in den das Publikum nun eingreifen kann.

Eigentlich beginnt Öffentlichkeit aber früher, findet Julia Franck. Sie empfindet sie schon in dem Moment, in dem sie ihr Manuskript dem Verlag per Unterschrift zuspricht. „Da wird eine Schwelle übertreten, von mir zu dem anderen, und der andere ist die Öffentlichkeit." Eine Öffentlichkeit, der sich die Autorin ausliefert, die bedrohlich erscheint, da die Schreiberin ihr ein Stück Persönlichkeit anvertraut. Sich vom Manuskript zu trennen heißt, damit etwas geschehen zu lassen, „worauf man nur noch wenig Einfluss hat". Etwa auf die Rezeption. Öffentlichkeit bedeutet auch, sich der Kritik zu stellen, der guten wie der schlechten. An dem „neuen Koch" beklagte ein Rezensent zum Ärger der Autorin, dass es darin um „lauter widerliche Körperflüssigkeiten ginge". Gleich auf der ersten Seite etwa lässt die Autorin Madame Piper, Stammgast im Hotel der Protagonistin, wenig appetitlich dahinschmelzen:

„In ihren Augen sehe ich die Schwere der Beine, müde Augen, verquollene, mit Ringen darunter. Ich habe sie abgesetzt neben der Tür, sie fächelt sich Luft an die Lider, und ihre Knie zittern unter der Anstrengung, dem Versuch, sich zu berühren – sie kann schon längst ihre Beine nicht mehr schließen, wenn sie sitzt, Fleisch

dazwischen hindert sie. Ihre Augen sehen auf mich herab, Schweiß rinnt in kleinen Bächen ihre Waden entlang, und auch zwischen den Schenkeln schimmert es klebrig, ihre Augen folgen mir träge, so gut sie können, das Gelb ums Braun ist zäh und dick und trüb, der Schleim, sie kommen mir nach, die ich auf dem Boden krieche und Glassplitter mit der Hand aufsammle." (Aus: Der neue Koch)

Julia Franck ist eine genaue, mitunter sachlich distanzierte Beobachterin, die konkrete Details schildert, um Ideen illustrieren zu können. Die Darstellung von „widerlicher Körperflüssigkeit" bei Madame Piper hat nicht mit möglicher Faszination der Autorin am Ekel zu tun, sondern den Sinn, Typ und Stimmung zu konturieren.

„Der neue Koch" kam gut an. „Ein Verkaufserfolg war er nicht, aber ein Medienerfolg." Man kannte in den Feuilleton-Redaktionen ihren Namen, als sie ihren zweiten Roman herausbrachte, „Liebediener", das Buch, das zum Medien- und Verkaufserfolg avancierte.

„Was bleibt von einem Menschen, wenn er gestorben ist?", fragte sich die Autorin, als sie die Geschichte konzipierte. „Er hinterlässt Erinnerungen in den Überlebenden. Es reizte mich, die Geschichte einer Überlebenden zu schreiben." Beyla, eine junge Frau, die als Zirkusclown einigermaßen lukrative Faxen macht, ist eine Überlebende. Der Tod markiert Schlusspunkte und Anfänge. Durch ihn entsteht eine Liebesgeschichte. Beylas und Alberts Liebesgeschichte, die eine zerstörerische ist und am Ende vermutlich wieder durch den Tod aufgelöst wird. Es bleibt unklar, ob Albert tatsächlich stirbt oder in der Phantasie seiner Geliebten.

Julia Franck geht es um Fragen nach Schuld und Verantwortung, nach der Möglichkeit und Unmöglichkeit von Nähe, Aufrichtigkeit und Liebe. „Nach dem 'neuen Koch' hatte ich Lust, mich an eine Liebesgeschichte zu wagen", sagt sie. Eine Liebesgeschichte ohne Schmus, „obwohl man an bestimmten Klischees nicht vorbei denken kann und mit ihnen arbeiten und sie eventuell verfremden muss".

„Er legte die Blätter beiseite, ich hörte, wie er sich auf dem Schemel drehte, zu mir wahrscheinlich, und seine Stimme hörte ich, die mir zugleich vertraut und fremd war: 'Willst du jetzt schon gehen?' Ich lächelte für mich, du, lächelte ich, und du, freute ich mich, ohne daß er es sehen konnte, und das Du war ein Wort von ihm an mich geworden, das zwischen uns stand (ein heiliges Du? Nein, ich will nicht lachen), ein vertrautes Wort, nicht hindernd zwischen uns, sondern wie ein Auftakt, dem man sich blind anvertraute, aber ich erinnerte mich an das Glück, das sich mit seinen Worten in mir ausbreitete, weil ich plötzlich wußte, daß ich bleiben konnte,

wenn ich nur wollte, einfach bei ihm bleiben. Und ich stand auf und ließ mich zur Tür bringen." (Aus: Liebediener)

Entstanden ist das Buch über zwei, drei Jahre. Julia Franck hatte bereits erste Ideen für „Liebediener" notiert, als sie noch am „neuen Koch" schrieb. „Das Entstehen von einer Geschichte lässt sich ganz schwer zurück verfolgen, weil man keinen Auftrag bearbeitet, wie zum Beispiel ein Architekt, der einen Entwurf am Reißbrett macht. Das Interesse an Konstellationen und Figuren entsteht subversiv und wellenartig über mehrere Monate. Man merkt irgendwann, ach, da ist schon wieder die Geschichte, an die ich letztens gedacht habe. Kaleidoskopisch setzt sich so ein Bild zusammen, das irgendwann einen Roman ergibt." Am schnellsten geht das Aufschreiben selbst. Manche Fragmente geben weniger her, kommen mit weniger aus und bilden den Stoff für Kurzgeschichten, die Julia Franck „zwischendurch" schreibt. Aus ihnen hat sie ihr drittes Buch gemacht, „Bauchlandung – Geschichten zum Anfassen", die im Sommer 2000 erschienen. Es sind erotische, sinnliche, den Körper betreffende Erzählungen: Eine Bademeisterin gelüstet es nach dem schönen Mann auf dem rostroten Handtuch; eine Frau beobachtet ihren Nachbarn vom Fenster gegenüber ungeniert beim Sex; ein Großvater möchte seinen eigenen Leichenschmaus erleben und bittet zu Tisch. Die „Geschichten zum Anfassen", die alle aus weiblicher Perspektive erzählt werden, handeln von spontaner, momentaner Begierde, einer Lust, die mit dem Schweiß auf der Haut rasch abkühlt, die selten Nähe, selten Intimität zwischen den Figuren herstellt. Die Heldinnen wirken unbeteiligt, unzugänglich, sind wortkarge Beobachterinnen, die keine Resonanzkörper bilden.

Ironischerweise machte das Buch seinem Titel keine Ehre, im Gegenteil, die Rezeption reagierte mit Anerkennung und Wertschätzung. Das „Literarische Quartett“ lobte die Erzählkunst und Sprache der Autorin, die spannungsvoll angelegten Figurenkonstellationen und den präzisen Blick, mit dem sie vermeintliche Nebensächlichkeiten zoomartig einfängt.

„Ich knie auf dem Parkett vor dem Sofa und beobachte Luise, wie sie schläft. Sie schläft sich den Rausch ihres Geburtstags aus. Draußen Zionskirchplatz ohne Verkehr, auch von der Kastanienallee höre ich wenig. Luise schmatzt im Schlaf, ganz leise, fast unhörbar. Ich streiche über den Saum des Chiffons, der rauh ihren Hals umschließt, rieche sie, ihren vertrauten Geruch, der mich an frischgeschnittenes Gras erinnert, ziehe die rotblonde Locke aus der Falte, die sich am Hals gebildet hat, und suche die glatte Haut ihrer Wangen ab – ob sich schon im entspannten Zustand eine Spur ihrer Grübchen entdecken läßt? – ihre Haut ist von blassen Sommersprossen übersät. Ich liebe Luise. Und noch etwas: Sie ist meine Schwester.“ (Aus: Bauchlandung – Geschichten zum Anfassen)

Bei den „Tagen der deutschsprachigen Literatur 2000“ in Klagenfurt bekam Julia Franck neben einem opulenten Blumenstrauß den mit 10.000 Mark dotierten 3sat-Preis. Sie hatte dort aus „Bauchlandung“ die Erzählung „Mir nichts, dir nichts“ gelesen, eine Geschichte, in der die Ich-Erzählerin mit dem Geliebten ihrer besten Freundin ins Bett geht. Die Treulose ist einem ungleich sympathischer als die nach Zitronenhaargel riechende, quengelnde Betrogene – möglicherweise hat auch das, wie schon bei den Lesegefühlen gegenüber der Protagonistin im „neuen Koch“, mit selbst eingestandener Boshaftigkeit zu tun.

Trotz des Erfolges weiß Julia Franck, dass sich Kritiker gemeinhin schwer damit tun, Bücher von Autorinnen literarisch ernst zu nehmen. „Das ist Gewohnheit“, sagt sie, „die Gewohnheit, über Jahrhunderte Bücher von Männern zu lesen und Männer in den Büchern als handelnde Subjekte zu erleben, sei es als Werther, Homo faber oder Felix Krull.“ Jetzt sind die handelnden Subjekte immer häufiger weiblich. Genau darum ist Julia Franck optimistisch, dass „Literatur von Frauen immer stärker auch gleichberechtigt wahrgenommen wird“. Obgleich das „Fräuleinwunder“ in ihren Augen ein Rückschlag war: „Das ist ein Etikett, das nur etwas über die Geschlechtszugehörigkeit aussagt und jungfräulich, unbefleckt, debütantisch klingt. Das ‘Fräuleinwunder’ ist keine ästhetische Gattung und wird der Literatur nicht gerecht." Um so wichtiger, dass schreibende Frauen sich nicht entmutigen lassen. „Ich hoffe auf ein weibliches Selbstbewusstsein durch neue Sozialisationserfahrungen in Familienstrukturen, in denen Frauen nicht nur nach innen, sondern auch nach außen eine dominantere Rolle haben." Sie selbst, die Familie immer weiblich erlebt hat, habe sich als Mädchen nie benachteiligt gefühlt, „den feministischen Kampf" nie für sich führen müssen. „Heute suche ich eher die Konfrontation mit männlich dominierten Strukturen, weil sie für mich im Grunde fremd und exotisch sind."

Ein guter Anfang ist gemacht. Nach unzähligen zur Seite gelegten beschriebenen Blättern sind die „Lichtjahre", die sie einst vor sich sah, überwunden. Julia Franck sitzt zu Hause und schreibt und kann davon leben. Das beruhigt, befriedigt, beflügelt. „Vielleicht wird das in zehn Jahren nicht mehr so sein, aber Sicherheit hat man ja heutzutage kaum noch in einem Beruf." Vormittags erledigt sie Wäsche, Einkauf, Post und Bank, mittags beginnt sie zu schreiben, manchmal bis in den Abend, manchmal bis in die Nacht. Wobei sich ihr Tagesablauf entscheidend verändert hat. Seit Januar 2001 ist Julia Franck Mutter eines kleinen Sohnes. Wie sich das neue Leben auf ihr Schreiben auswirkt, wird sich zeigen. „Ein kreativer Impuls ist nicht wirklich kalkulierbar für mich," weiß die Autorin. Eine Kerze, die Lippen spitzende Musen anlocken könnte, zündet sie nicht an. Wenn auf dem Bildschirm vom Computer so gar keine Wörter zusammen zu passen scheinen, hilft die Umgebung: Bis heute lebt die Autorin in Berlin. Dass so viele der jungen Autorinnen in der pulsierenden Metropole zu Hause sind, wundert Julia Franck nicht: „Der Beruf selbst ist recht einsam. Da ist es schön, wenn man Freunde treffen kann. Außerdem erscheint mir das Nebeneinander von vertrauten und fremden Menschen, Orten, Sinneseindrücken in einer Großstadt, in der man aufgewachsen ist, einzigartig." Manchmal wird das Schreiben durch Lesereisen unterbrochen, die bis in die USA führen. Zwei Wochen war sie mit dem Goethe-Institut unterwegs, um den amerikanischen Germanistik-Studenten und Literaturinteressierten deutsche Literatur in die Ohren zu tragen. Das sind gern angenommene Auswirkungen des Schreibens.

Nichtsdestotrotz, der Erfolg als Schriftstellerin bereitet nicht nur Wonnen, im Gegenteil, manchmal fühlt er sich weniger gut an. Als sie auf der Buchmesse „Liebediener" vorstellte, schaute sie auf viele fremde Gesichter. Ihr Gesicht war allen bekannt. „Das macht hilflos" – und da war es wieder, das Gefühl des Ausgeliefertseins. „Seltsam ist es auch, wenn man angesprochen wird", erzählt sie. „Einmal saß ich in der Kneipe und fühlte mich privat, als mich jemand erkannte. Plötzlich war ich öffentlich, fühlte mich in einer Rolle, die ich als Autorin auf Lesungen spiele." Muskeln in Gesicht und Schultern spannten sich, jedes Lachen, jeder mit den Händen ummalte Satz erkaltete in ungewollter Inszenierung. Julia Franck stellen sich die Nackenhaare auf, wenn ihr die Außenwelt übermächtig auf den Pelz rückt. Literatur „zum Anfassen" ist das eine, das private Leben das andere.

Sie selbst versucht mit ihrem Erfolg vorsichtig umzugehen. Eine Schriftstellerin ist kein Filmstar. „Literatur ist nicht der Nabel der Welt", relativiert Julia Franck. „Für viele ist Literatur wie für mich die Kupferschmied-Innung. Man hat nur ein bestimmtes Wirkungsfeld." Glücksgefühlen mag sie nicht recht trauen, eher machen sie sie verhalten, allem schriftstellerischen Selbstbewusstsein zum Trotz. Darum vielleicht hat sie manchmal die vage Ahnung, „dass das ein Missverständnis sein könnte. Dass eine Verkettung von Zufällen einen in die Lage gebracht hat und dass gleich jemand erkennt, dass man in Wirklichkeit gar nichts kann und ein Scharlatan ist."

Judith Hermann

„Eine Geschichte nimmt mich an die Hand“

Vielleicht sind Judith Hermann und ich uns einmal am Deich von Hooksiel begegnet, haben in derselben Stunde gesehen, wie sich die Nordsee zurückzog und gerilltes Watt hinterließ. Vielleicht haben wir uns im „Godewind“ getroffen, dem Szenecafé von Jever, sie saß mit Freunden an dem großen viereckigen Holztisch in der Mitte, ich mit einer Freundin an einem der marmornen Coffee Tables am Fenster. Wir wissen nicht, ob wir uns gesehen haben, damals, als sie sechzehn oder siebzehn war und ich zwei Jahre älter. Wir wissen, dass wir zur selben Zeit in Friesland waren, ich, weil ich dort lebte und zur Schule ging, sie, weil ihre Großmutter dort wohnte und ihr herzenswarme Ferien ermöglichte. Judith Hermann fühlte sich wie Dünengras mit der spröden Küste verwachsen und reiste oft aus Berlin an.

Wir erinnern uns nicht aneinander, als wir zum Interview zwischen den blau gestrichenen Wänden eines ihrer Zimmer sitzen und sie von Sommern am Meer erzählt. Wir lachen. Vielleicht hätten wir uns in Friesland verabreden sollen, auf einer Bank am Strand, zum Tee im „Godewind“?

Statt dessen Prenzlauer Berg. Statt Kleinstadtcafé ein hochwandiges Refugium mit dem nostalgischen Charme von abblätterndem Schleiflack, Stuckverzierung, Messingkronleuchtern. Im Flur gestapelte Bücher, aneinandergereiht wachsen Türme an der Wand, mit den Buchrücken nach außen. Im blauen Zimmer eine Chaiselongue mit Brokatbezug. Eine Pyramide aus Koffern, wie Menschen sie in den 20er Jahren packten. Darauf ein Spiegel. Ein Metallgestell lehnt vertikal an der Wand und buchstabiert in roten Lettern „Salon“. Es muss einmal einen Laden beschriftet haben. Einen „Friseursalon“? Einen „Teesalon“?

Als Schriftstellerin hat sich Judith Hermann über Nacht einen Namen gemacht. An einem Winterabend Ende 1998 besprach das „Literarische Quartett“ ihren Erzählband „Sommerhaus, später“. „Wir haben eine neue Autorin bekommen, eine hervorragende Autorin. Ihr Erfolg wird groß sein“, Marcel Reich-Ranicki ließ sich der überschwänglichen Worte nicht lumpen. „Der Sound einer neuen Generation“, bekräftigte Hellmuth Karasek. „Ganz wunderbare Geschichten, erzählt wie mit halbgeschlossenen Lidern“, befand Gastkritikerin

Andrea Köhler. Die Republik fiel ein in den Jubelgesang und Judith Hermann hielt sich eines Tages die Ohren zu. Sie hatte ihre Ruhe verloren, die wollte sie wiederhaben, um neue Geschichten schreiben zu können.

Eigentlich kam der Ruhm zu schnell, sagt sie. Ein gutes Jahr vor der Veröffentlichung von „Sommerhaus, später“ hatte sie noch nicht einmal gewusst, dass sich in ihr schriftstellerisches Talent räkelte. Sie ist keine derjenigen, die immer schon geschrieben haben. Sie fing mit 26 an. Da war sie Schülerin an der Berliner Journalistenschule und wollte Reporterin werden. Geschichten von Menschen wollte sie erzählen, Porträts verfassen, Reportagen. Sie saß im Unterricht von Egon-Erwin-Kisch-Preisträger Alexander Osang. Der hatte vor seinem Büro in der „Berliner Zeitung“ ein Schild hängen: „Alexander Osang – Reporter“. Sie träumte: „Judith Hermann – Reporterin“. Alexander Osang würde sie entdecken. Sie bekam eine Hausaufgabe: Das Porträt eines ehemaligen DDR-Offiziers, der auf einem alten Russenarmeehof in der Uckermark eine Flugschule betrieb. Judith Hermann schrieb und war sich ihrer „Sache sicher“. Alexander Osang fing mit der besten Reportage an und hörte mit der schlechtesten auf. Er zählte rückwärts. Zehn, neun, acht. Bei fünf begann sie auf ihrem Stuhl hin und her zu rutschen. Bei drei brachte sie kaum mehr ein tapferes Lächeln zu Stande. Bei zwei würgte sie die ungute Gewissheit: „Ich hatte die schlechteste Reportage geschrieben“, Judith Hermann grinst, „Oh Mann“, schüttelt den Kopf, grinst wieder. Die schlechteste Reportage. Sie habe sich nicht entscheiden können zwischen Reportage und Erzählung, kritisierte Koryphäe Osang. Die Geschichte sei an der Person vorbei erzählt. Die Letztplatzierte ging nach Hause, niedergeschmettert. Aus. Das war’s. Kein Büroschild, vor dem künftige Journalistenschüler ehrfurchtsvoll stehen bleiben. Nichts. Sie beendete die Schule und ging nach New York. Drei Monate Volontariat an einer kleinen deutschsprachigen Zeitung. Ihre Mitschülerinnen und Mitschüler wählten, in der Hoffnung auf große Laufbahnen, zwischen den renommierten Blättern der Nation. Das hätte sie auch probieren können. Nun nicht mehr. Karriere? Wie hatte sie nur auf diesen absurden Gedanken kommen können.

In New York litt sie an Heimweh. Sie schrieb viele Briefe nach Hause, an die Familie, an Freunde, und erzählte ihnen aus dem Schmelztiegel der Menschen dieser Welt. Geschichten entstanden, durch die sie die Stadt für sich und die anderen zu greifen suchte, Geschichten, durch die sie Kummer und Alleinsein bewältigte und sich schreibend selbst Gesellschaft leistete. Die vermasselte Reportage bei Osang blockierte den Schreibfluss nicht mehr, denn jetzt gelang es ihr, zu einem eigenen, einem literarischen Stil zu finden. „Ich denke, ich ha-

be in New York angefangen zu schreiben, erzählerisch zu schreiben und mich von journalistischen Vorgaben zu lösen", sagt Judith Hermann. Als sie nach einem halben Jahr nach Berlin zurückkehrte, merkte sie, „dass das Erzählen ein Bedürfnis ist, mit Wirklichkeit umzugehen, Dinge zu halten, indem man sie aufschreibt und ordnet." Sie bewarb sich um ein Schreibstipendium. Sie bekam es. An einem verschneiten Januartag im Jahr 1997 fuhr ihre Freundin sie nach Wewelsfleth, einem beschaulichen Dorf an der Elbe, anderthalb Stunden von Hamburg entfernt. Literatur-Nobelpreisträger Günter Grass hatte hier gewohnt. Als er wegzog, verschenkte er sein Domizil als Stipendiatenhaus an die Akademie der Künste. „Der Ort ist so still, dass man dort nichts anderes machen kann als zu schreiben. Der Autor geht dort in Klausur", sagt Judith Hermann. „Man muss wissen, ob man das kann." Sie reiste nachts an, es war unheimlich kalt und finster, das Grass-Haus kaum zu finden. Die Einsamkeit machte sie panisch. „Hier bleib' ich nicht", versicherte die Chauffierte ihrer Chauffeurin, „das ist ja total bescheuert, hier fünf Monate zu sitzen, während ihr in Berlin wer weiß was macht. Wir übernachten hier und fahren morgen wieder weg." Am nächsten Morgen sah sie aus dem Fenster und wusste, dass sie bleiben würde. Das Haus zeigte sich im jungen Tageslicht als alte Kirchspielvogtei aus dem 14. Jahrhundert, im Fachwerkstil mit Garten. Dahinter harrte eine Kirche der Gläubigen. In wenigen Minuten ließ die Spaziergängerin das Dorf hinter sich, betrat Feldwege, die an kahlen Apfelbaumplantagen vorbei führten. Die Elbe lag unter Eis. In der Fahrrinne schoben sich gemächlich Frachter vorwärts. „Der Rest der Landschaft war flach und weiß, fast wie eine Mondlandschaft", lässt die Erinnernde das Ankunftsbild neu entstehen. Die Sonne schien am hohen Himmel. Die Klarheit der Eindrücke fegte „auf eine gute Art" ihren Kopf leer.

„Ich bin nie zuvor so allein gewesen wie da", sagt Judith Hermann. Den zwei Mit-Stipendiaten, mit denen sie das Haus teilte, begegnete sie kaum. Man tauschte sich nicht aus, man zeigte sich seine Geschichten nicht, hörte den anderen allenfalls auf die Tastatur einhämmern. „Ich glaube, wir hatten Angst, dass der andere so Furcht erregend gut ist, dass man gleich seine Sachen packt und nach Hause fährt." Die schriftstellernde Einsiedlerin machte sich einen Stundenplan, schrieb am liebsten vormittags und ging jeden Tag an die Elbe. Sie erlebte den sukzessiven Wechsel der Jahreszeiten, die aufkommende Bodenwärme, das Aufbrechen der Knospen. Immer wehte Wind. Einmal, es war noch Winter, rüttelte der Wind tagelang am Haus. Judith Hermann konnte es irgendwann kaum mehr aushalten und wünschte sich sehnlichst Stille.

In Wewelsfleth schrieb sie „Sommerhaus, später". Geschichten von narrativer Nüchternheit, dichte Geschichten, die durch die Sprache leicht wiegen und doch gleich einem Stiefelabdruck im Schnee prägnante Spuren zurücklassen, Geschichten, die Schwermut und Gelassenheit miteinander paaren, die nostalgische Melodien singen und moderne Gegenwart transportieren.

Judith Hermann schreibt von Menschen und Zeitläufen, von vorüberziehender Wirklichkeit und bleibenden Trugschlüssen. Da ist die russische Urgroßmutter, die um das linke Handgelenk ein Korallenarmband trug, immer Heimweh nach Deutschland hatte und glaubte, bald aus einem dämmrigen Traum zu erwachen. Da ist der Taxifahrer namens Stein, der einst aus drei Plastiktüten lebte und jetzt ein abbruchreifes Gutshaus kauft für eine letztlich zum Scheitern verurteilte Zukunft. Da sind zwei Frauen auf einer Insel, die sich ungeachtet der Hurrikanmeldungen im Radio die Stunden vertreiben: *„Das Spiel heißt 'Sich-so-ein-Leben-vorstellen'. Man kann es spielen, wenn man auf der Insel abends bei Brenton sitzt, man sollte zwei, drei Zigaretten rauchen und Rum-Cola* *trinken. Gut ist es, ein kleines, schlafendes Inselkind auf dem Schoß zu haben, dessen Haar nach Sand riecht. Auch der Himmel müsste hoch sein, am besten sternenklar, es sollte sehr heiß sein, vielleicht auch schwül. Das Spiel heißt 'Sich-so-ein-Leben-vorstellen', es hat keine Regeln. 'Stell dir vor', sagt Nora. 'Stell dir vor.'"*

Manche Geschichten bedrücken, weil die Menschen in ihnen in einer konturlosen Masse schwimmen, ziellos dahin schaukeln, wie der Liebhaber mit den fischgrauen Augen und der fischgrauen Haut, der tagelang desinteressiert auf dem Bett liegt; bedrücken, weil die Menschen in ihnen keine Hoffnung haben dürfen, wie Sonja, die merkwürdige, geheimnisvolle Sonja, die schweigsam und beharrlich in das Leben eines Mannes kriecht, von dem sie glaubt, er würde sie heiraten.

Eine seufzende Melancholie durchzieht das „Sommerhaus" und seine Alltags- und Menschengeschichten. Die Bilder, die Judith Hermann schreibend beschwört, „haben mit Erinnern zu tun". „Ich schreibe auf bestimmte Art autobiografisch", erklärt sie, „natürlich nicht 1:1, aber im Kern. Meine Geschichten sind eng mit dem, was ich sehe und erlebe, verbunden." Im Alltag gefrieren Szenen zu einem Bild, „bei dem ich das Gefühl habe, dass darin eine Geschichte stecken könnte". Immer mehr Bilder kommen dazu, „bis ich den Faden ziehen und entwirren kann". Manche Bilder verselbstständigen sich beim Aufschreiben, „dann nimmt mich die Geschichte an die Hand und führt mich zu einem überraschenden Ende."

Von Wewelsfleth ging Judith Hermann zurück nach Berlin, direkt ins nächste Stipendium. Ein Werkstattstipendium, das es zehn jungen Autorinnen und Autoren ermöglichte, ihre Texte gemeinsam mit Mentoren zu bearbeiten. In Wewelsfleth hatte sich Judith Hermann nicht getraut, ihre Geschichten offen zu legen, jetzt wünschte sie nach der langen Zeit des Alleinseins Kritik und Anregung: „Ich hatte tausend Fragen." Die Schriftstellerin Katja Lange-Müller stand ihr als Mentorin „mit intuitivem Textgefühl" zur Seite. Monika Maron, die als Gast in die Werkstatt eingeladen worden war, entdeckte sie. Die Schriftstellerin las Judith Hermanns Texte und bot ihr an, sie dem Fischer-Verlag vorzulegen. „Da habe ich nicht nein gesagt", sagt Judith Hermann. Natürlich nicht, möchte man hinzufügen, doch die Autorin empfindet die Veröffentlichung inzwischen nicht mehr als reines Glück. „Manchmal denke ich heute in skeptischen Momenten, dass ich hätte nein sagen sollen. Dann hätte ich in dem unbefangenen autarken Zustand weiterschreiben können." Andere wachsen beim Schreiben, probieren aus, radieren aus, legen beiseite, entwickeln Neues. Judith Hermann hat nichts beiseite legen können, kann keine Geschichte aus einer ge-

heimnisvollen Schublade hervorblättern. „Ich habe mir kein Fundament erschreiben können, das mir Sicherheit gibt. Wie andere, die seit jeher schreiben, habe ich kein Selbstverständnis in der Schreibwelt." Judith Hermann rührt, der Löffel klimpert in der Teetasse. „Darum wünsche ich mich manchmal in mein altes Leben zurück."

Das alte Leben ist ein Leben, in dem sie als Älteste von drei Geschwistern, sie hat einen Bruder und eine Schwester, in Neukölln aufwuchs. Doch nicht Berlin entsteht vor ihrem inneren Auge, wenn sie an ihre Kindheit und Jugend denkt. Es ist die Küste. Es ist das Haus der Großmutter, das gleich neben einem Bauernhof in Horumersiel lag. In ihrer Erinnerung war fast immer Sommer in Friesland. Heißer Sommer mit Wattlaufen bis zur Wasserkante und zurück. Manchmal war auch Frühling in Friesland, mit orangefarbenen Klecksen auf den Feldern, Osterfeuer, die überall leuchteten, wenn Großmutter und Enkelin am Ostersamstag abends durch die Dörfer fuhren. „Viele finden das Land spröde und platt", sagt die Frau mit dem Faible für das Schnörkellose. „Für mich war es gerade schön: Das Platte, dass man so weit gucken konnte und der Himmel so mächtig war."

Sie knüpfte viele Freundschaften und verliebte sich. Das Ländliche, Kleinstädtische faszinierte sie. „Es gab eine Kneipe, in die man gehen konnte, und wusste, wen man traf, wusste, dass man immer jemanden traf. Dann fuhr man Samstag Abend zusammen nach Marx ins 'Tunis'. Es war eine kleine überschaubare Welt, die etwas Familiäres hatte, natürlich trügerisch, aber das Familiäre entsprach meiner Wunschvorstellung von Freundeskreis und Freundschaft, wie ich sie in Berlin nicht hatte." Als sie in Berlin ihr Abitur bestanden hatte, packte sie ihre Sachen und lebte ein Jahr lang in Friesland. Dass sie dann in Berlin und nicht in Oldenburg zu studieren begann, lag vor allem an ihrem Freund, den es in die Spree-Metropole zog. Das Studium gefiel ihr nicht. Germanistik ging noch an, in Philosophie „verstand ich irgendwann nichts mehr". Judith Hermann lacht und zündet sich eine Zigarette an. Sie sei damals nicht sehr selbstbewusst gewesen, sagt sie. Die Freie Universität mit ihren fensterlosen Hörsälen und Studentenmassen verschreckte sie. Sie schlug die Bücher zu. Studierte fortan Klavier. Drückte mit den Fingerkuppen acht Stunden täglich weiß-schwarze Tasten, die wunderbar melodiös oder schrecklich schief klangen. Nach zwei Jahren glaubte die musikalisch Getrimmte das Leben an sich vorbeiziehen zu sehen. Für eine Pianistinnenkarriere fühlte sie sich nicht talentiert genug, den Alltag einer Musiklehrerin mochte sie sich für sich nicht vorstellen. Sie setzte einen Schnitt. Tourte in den nächsten zwei Jahren mit der Chanson-Pop- und Balkanfolklore-Band „Poems for Leila" durch die Republik, managte die Musiker und regelte den Tourablauf. Sie engagierte sich in Berlins Off-Theater-Szene, assistierte bei der Regie, stand selbst auf den Brettern. Nach dem Abitur hatte sie erst Schauspielerin werden wollen, doch als sie bei den Aufnahmeprüfungen an der Hochschule der Künste in Berlin und am Max-Reinhard-Seminar in Wien durchsegelte, schrieb sie den Wunsch ab.

Wenn das Leben keine Münzen auswarf, kellnerte sie. Wenn etwas zu Ende ging, kellnerte sie. Auch wenn ihr nichts anderes einfiel, kellnerte sie. Ohne Verdruss. Mit 26 kam sie ins Grübeln. Nichts habe ich bisher abgeschlossen, überlegte sie. Eine Kollegin aus der Kneipe bewarb sich an der Journalistenschule. Wär' das was für mich? „Ich hatte das Bedürfnis, meinen Kopf zu benutzen", erinnert sich Judith Hermann. „Ich dachte, anderthalb Jahre Journalistenschule, das dauert nicht so lang, das schaffst du." Sie, die „immer einen künstlerischen Beruf wollte", sah im Journalismus eine Zwischenform zwischen Freiheit und Reglement. „Ich dachte ganz naiv: Du kannst schreiben, du kannst erzählen, du bist neugierig und hast einigermaßen Menschenkenntnis." Die Naivität lohnte sich. Drei Porträts von alten Menschen in Berlin rückten sie in die engere Auswahl. In der zweiten Runde schrieb sie nach einer simulierten Pressekonferenz einen Bericht über Umweltschutz, in der dritten Runde stand ihre Allgemeinbildung zur Disposition. Zum Schluss erwartete sie ein Gespräch mit der Jury. Warum sie Journalistin werden wolle? „Lust auf Sprache."

Das „Sommerhaus" katapultierte seine Autorin nicht sofort in den literarischen Himmel. Erst Wochen später, als das „Literarische Quartett" zusammentrat. „Frau Hermann, wir haben eine gute Nachricht für Sie. Das 'Literarische Quartett' bespricht ihr Buch", richtete ihr eine Verlagsmitarbeiterin über den Anrufbeantworter aus. Die Auserwählte ließ sich auf einen Stuhl fallen und schluckte, „Oh Mann". Sie wusste, das Fernsehgremium aus den drei Literaturexperten und einem Gast beeinflusst den Verkauf eines Buches entscheidend. Selbst verrissene Bücher verkaufen sich gut. Oh, Mann. Zu der Zeit hielt sie sich gerade in Frankfurt auf, Verlagsgespräche. Mit Eltern und Geschwistern hätte sie sich die Sendung vielleicht angeschaut, fernab der Heimat traute sie sich nicht. Ging mit den Mitarbeitern des Verlages zum Italiener. Um Mitternacht rief der Lektor jemanden an, der die Sendung gesehen hatte. Er horchte in sein Handy. Judith Hermann mochte ihn fast nicht anschauen. Er hielt den Daumen rauf. „Ist super gelaufen." Der Debütantin verging schlagartig der Appetit. Sie eilte zurück ins Hotel und zog sich die Decke über den Kopf. Die Resonanz schockierte und ängstigte sie. „Mir war plötzlich klar, dass ich ein Buch veröffentlicht habe", sagt sie. „Bislang hatte es nur einen überschaubaren Kreis interessiert. Ich hatte es noch in der Hand, es war noch meins. Nun musste ich es loslassen. Ich wusste, wenn Herr Reich-Ranicki sagt, es ist ein gutes Buch, gehen am nächsten Tag soundso viele tausend Leute los und kaufen es."

Als die ersten 1.000 Bücher verkauft waren, stand Judith Hermann am Fenster ihrer Wohnung und schaute auf den Park gegenüber: „1.000 Menschen passen in diesen Park", dachte sie. Bei unserem Interview, anderthalb Jahre nach Erscheinen, ist das „Sommerhaus" 120.000 Mal gekauft worden. „Bist du nicht glücklich?" fragten die Leute sie. Die Bejubelte traute sich nicht recht, glücklich zu sein. „Ich habe immer darauf gewartet, dass etwas kommt und mich erschlägt. Ich habe mich vor diesem Fall zu schützen gesucht. Manchmal bedaure ich das heute." Marcel Reich-Ranicki und Miteiferer hatten eine Flutwelle aus Lobeshymnen angeschoben. Sie las nur drei schlechte Rezensionen.

Eine nistete sich in ihrem Gedächtnis ein. „Einem Rezensenten aus Österreich gefiel das Buch überhaupt nicht", erinnert sich Judith Hermann. „Am Ende seiner Rezension schrieb er: 'Man hat sie zu Tode gelobt. Jetzt sollte man sie zum Leben kritisieren. Es steckt Talent in ihr.'" Judith Hermann fand das großartig: „Genau so habe ich mich gefühlt: Talentiert, aber nicht als Tschechows Urenkelin, die eine neue Literaturära einläutet."

Sie stand im Licht der Literaturarena. Fernsehen, Zeitungen, Zeitschriften baten sie um Interviews. Ihr Gesicht fiel auf. Schmal und lang, verhangener Blick, sinnlicher Mund. „Wie Virginia Woolf", hieß es. „Wie bei Modigliani." Der „Stern" inszenierte die Frau mit dem Gemäldeantlitz publikumswirksam auf einem Foto. Judith Hermann in Satinkleid und Strümpfen mit gebrochenem Muster schaut melancholisch-lasziv in die Kamera. „Femme fatale" titulierte sie eine Zeitschrift. „Wie ist es, wenn man sich in Netzstrümpfen fotografieren lässt?", wollte im nächsten Interview eine Moderatorin wissen. Das ärgerte Judith Hermann. „Da fragte ich mich: Geht es hier um meine Literatur oder wie ich aussehe?" Sie habe bei dem „Stern"-Foto Herzklopfen gehabt, schon. Die Fotografin und sie hatten sich in einem Zwanziger-Jahre-Hotel auf dem Kurfürstendamm verabredet, sie hatte eine Tasche Klamotten mitgebracht. „Irgendwann hing ich dann da mal so auf dem Sofa und daraus ist das Foto entstanden", erzählt sie und schmunzelt. „Ich wusste, wenn ich mich so fotografieren lasse, muss ich mit den Konsequenzen umgehen können." Sie selbst empfand die Bilder lediglich als Abbild einer Frau, die mehrere Seiten aufblättert und nicht nur eine schreibende Frau ist. Vermarktet habe sie sich nicht gefühlt, sie habe immer ein Mitspracherecht gehabt. Aufgefallen sei ihr aber, „dass Erfolg viel mit Äußerlichkeiten zu tun hat".

Ihr Gesicht prägte sich in die Köpfe und stahl ihr Momente der Beschaulichkeit. Einmal saß sie nach einer Lesung in Freiburg im Nachtzug nach Berlin. Zum ersten Mal nächtigte sie in einem Schlafwagen. Sie freute sich. Um Mitternacht setzte sie sich in den altmodischen Mitropa-Speisewagen, bestellte einen Wein. Franzosen und Schweizer ein paar Tische weiter feierten. Judith Hermann erzählt mit sanfter Stimme. Sie fühlte sich märchenhaft. „Die Nacht erschien so endlos, nicht so, als müsste man morgens um sieben am Bahnhof Zoo aussteigen." Sie holte ihr Reisetagebuch hervor. Das tat sie nicht oft. Sie schrieb vier, fünf Sätze. Sie bemerkte einen Vater mit zwei Töchtern am Nebentisch, die sie ungerührt ansahen. Sie schaute unwillig zurück. Eine Tochter marschierte zur Toilette, ging an ihrem Tisch vorbei und starrte sie an. Die zweite Tochter marschierte zur Toilette, ging an ihrem Tisch vorbei und starrte sie an.

Der Vater marschierte zur Toilette, ging zu ihrem Tisch, sprach sie an: „Sie sind doch Judith Hermann? Arbeiten Sie hier schon an Ihrem zweiten Buch?" Die Adressatin klappte ihr Reisetagebuch zu, verschränkte die Arme vor der Brust. Ja, sie sei Judith Hermann. Die zauberhafte Stimmung hatte sich jäh verflüchtigt. „Auf einmal war ich eine ganz andere Person." Sie muss lachen. „Ich habe ja auch das klassische Bild eines Schriftstellers abgegeben, so wie ich da saß, mit Wein, Zigaretten, Pelikan-Füllfederhalter." Sie schwor sich, nie wieder in der Öffentlichkeit zu schreiben.

Neulich auf einer Theater-Premierenfeier unterhielt sie sich mit einem jungen Mann, der unverhofft inne hielt und ihr sagte: „Übrigens, du siehst aus wie Judith Hermann. So vom Gesicht." Sie dachte, er wolle witzig darauf hinweisen, dass er sie erkannt habe. Er hatte sie nicht erkannt, vielleicht nicht, weil sie ihre Haare abschneiden, das Stirnhaar zum kurzen Pony stutzen ließ. Sie verriet sich nicht. „Das gab mir einen Moment die Möglichkeit, jemand anderes zu sein." Am Prenzlauer Berg kann sie sich nicht mehr inkognito geben, man kennt die Kellnerin von einst aus zig Kneipen.

Inzwischen schreibt Judith Hermann am nächsten Buch, es sollen wieder Geschichten werden. Sie lässt sich Zeit, möchte am liebsten ein bisschen in Vergessenheit geraten, um den Erwartungsdruck abzufedern. Manchmal fällt es ihr schwer, sich in Berlin auf das Schreiben zu konzentrieren, wo sie den vielen alltäglichen Verlockungen ausgesetzt ist. Privat liebt sie die Nacht, als Schriftstellerin den Morgen. Die Bohemienne muss immer wieder flüchten, in das Haus von Freunden in der Uckermark, um sich Stille zu holen.

Geld hat sie mit ihrem „Sommerhaus" genug verdient, um das Schreiben gemächlich anzugehen. Nicht für immer, aber für geraume Zeit. „Ich gebe gern aus", sagt sie, „doch das Leben wird durch Geld weniger provisorisch, und verhinderte Provisorien sind verhinderte Geschichten." Als sie mit ihrem Freund drei Monate quer durch die USA reiste, nächtigte sie nicht in der billigen Raststätte oder im Schlafsack auf dem Campingplatz. Sie nahm das gute Mietauto und das gute Hotel. Mittelklasse, die vor der Außenwelt schützt und manchmal ziemlich langweilig sein kann. Als sie noch in New York lebte und in den letzten Wochen ihr Portemonnaie verschlissene Leere darbot, mietete sie ein Zimmer in einem Stundenhotel, eine Absteige, die überfüllt war von Menschen, die manchmal nicht wussten, wie sie sich durch die nächste Woche bringen sollten. „Die Zeit dort erscheint mir heute intensiv und dicht. Darin stecken Geschichten." Es gibt auch Tage, da vermisst sie das Kellnern. „Damit kann ich nicht wieder anfangen, das würde man mir nicht abnehmen. Man würde denken, ich sei auf der Suche nach neuen Geschichten." Die holt sie sich anderswo. Zum Beispiel aus ganz neuen Lebenserfahrungen: Im Sommer 2000 bekam Judith Hermann ein Kind und ist seitdem stolze Mutter.

Ein Leben ohne Schreiben mag sie sich nicht mehr vorstellen. „Es ist schon seltsam, dass ich durch den Erfolg Schriftstellerin geworden bin. Nie habe ich gewusst, was ich werden will, was ich sein werde. Durch das Buch weiß ich es auf einmal."

Felicitas Hoppe

„In meinen Texten will ich machen, was ich will“

Als Kind sei sie ein rechter Stubenhocker gewesen, erzählt Felicitas Hoppe und kann sich selbst nicht daran erinnern. Aber ihre Mutter könne sich erinnern und demnach müsse sie, Felicitas Hoppe, gern allein gewesen sein. Mutters Behauptung will nicht so ganz zu der Frau passen, die als „Schriftstellerin, die einmal um die Welt fuhr“, Furore machte.

Als Felicitas Hoppe ihr Buch „Picknick der Friseure“ veröffentlicht hatte, mit Preisen und Geld beschenkt worden war, machte sie sich auf eine große Reise. Sie mietete sich als Passagierin auf einem Frachtschiff ein und umkreiste den Erdball. „Vier Monate auf dem Meer – das war das Schönste, was ich je in meinem Leben gemacht habe“, schwärmt sie. „Es war einfach großartig, weil es mir ein Maximum an Abstand brachte und mir zeigte, dass man dadurch alles vergisst, was vermeintlich wichtig ist. Nichts spielte eine Rolle mehr.“ Ängste wie seekrank zu werden oder Heimweh zu bekommen, verflüchtigten sich im Meerwind. Sie aalte sich in Zeit und Ruhe und war unglaublich stolz: „Ich habe einmal im Scherz gesagt, ich fahre einmal um die Welt, und diesen Scherz habe ich wahr gemacht. Ich wusste, ich musste es jetzt machen, denn so mutig würde ich nie wieder sein.“ Sie schrieb Reisetagebuch und für die „Frankfurter Allgemeine Zeitung“ Reisegeschichten. Als sie am Sommerende 1997 zurückkam, fragte der Rowohlt-Verlag, bei dem sie „Picknick der Friseure“ veröffentlicht hatte, nach einem Buch. Sie musste überlegen, da sie die Reise eigentlich nur für sich selbst hatte machen wollen, nicht zum Zweck eines neuen Buches. Dann machte sie doch eines daraus. So entstand „Pigafetta“, eine Geschichte zur See, aber keine Erlebnisschilderung. Wer „Picknick der Friseure“ kennt, weiß, dass bloßes Darstellen von Geschichten nicht Felicitas Hoppes Sache ist. Für sie liegt der Reiz im Erzählen darin, die vorgefundene Wirklichkeit umzuwandeln in eine neue, groteske, phantasievolle Wirklichkeit. Sie spricht in rätselvollen Bildern.

„Mit wenigen raschen Handgriffen band mir Nobell ein Tau um den Bauch und warf mich unter dem lauten Gelächter der Mannschaft in die Wellen zu den Flaschen und Walfischen. Mein Blick trübte sich sofort, und ich hörte auf, mich an Landschaften zu erinnern. Meine ganze Anstrengung richtete sich jetzt auf die Be-

herrschung von Armen und Beinen. Ich sah einen Delphin, den Fuß eines Vogels und am Boden des Abgrunds die Kerze im Innern des Walfischbauchs, wo an einem Tisch unter hohen Rippenbögen der zahnlose Herr Happolati saß und die Bibel las." (Aus: Pigafetta)

Das Motiv vom Schutz spendenden Bauch im Meer ist uralt und stammt aus der christlichen Kultur. „Pigafetta" steckt voller mythologischer Bilder. „Kritiker wiesen mir im Guten wie im Schlechten nach, was in meinem Buch an Symbolen steckt", erzählt Felicitas Hoppe. „Für mich sind die Bilder ganz selbstverständlich, weil sie Geschichten meiner Kindheit sind."

Die Allegorie vom Walfischbauch kennt sie aus der Bibel genauso wie aus dem Pinocchio-Märchen: „Diese Bilder tauchen in verschiedensten Versionen immer wieder auf, und ich verwende sie, wie andere aus der aktuellen Popkultur Liedzeilen zitieren", sagt Felicitas Hoppe.

Wir stubenhocken in ihrer großen, modernen Küche am Prenzlauer Berg und knuspern katzenzungenförmige Eierplätzchen mit halbseitigem Schokoladenüberzug. Die Autorin in Tweedjackett und Jeans fordert nachdrücklich zum Zugreifen auf: „Die sind nicht so feist wie ein gefüllter Keks. Das hat nur den Nachteil, dass man schnell im Kettenfraß landet." Allerdings.

Von früh an mit archetypischen Bildern und Geschichten versorgt, begannen Felicitas Hoppe und ihre Geschwister – sie hat zwei Brüder und zwei Schwestern – ganz selbstverständlich zu schreiben. „Ich kann für mich in Anspruch nehmen, dass ich schreibe, seit ich sechs Jahre alt bin. Ich bin jetzt fast vierzig – also blicke ich auf rund 35 Jahre Schreibpraxis zurück", sagt sie und ihre hellwachen dunklen Augen lachen.

Sie schrieb Geschichten um, die sie gehört hatte, dichtete über Dinge, die sie mitunter nicht kannte. „Ein Gedicht handelte von einer Regentonne, obwohl bei uns zu Hause im Garten nie eine stand. Es gibt Dinge, die man sich als Gegenstand der Poesie vorstellt, egal, ob man sie gesehen hat oder nicht. Wie man über einen Tiger schreibt, obwohl man nie im Zoo war."

Nach den ersten achtzehn Lebensjahren in Hameln zog Felicitas Hoppe aus, um die Welt, ihre Sprachen und Menschen kennen zu lernen. Nach zwei Semestern Kulturpädagogik in Hildesheim, einem Praktikum am Baseler Stadttheater und der Zwischenprüfung in Germanistik, Rhetorik und Religionswissenschaften an der Universität Tübingen spürte sie Unternehmungslust und die Studentin flog nach Amerika, nach Oregon an der Westküste. „Absurderweise habe ich dort mein Germanistikstudium beendet. Mit dem Master of Arts bin ich nach Deutschland zurückgekommen."

Sie studierte Italienisch, unterrichtete ein Jahr an einer Schule in Rom Deutsch und studierte wieder ein Jahr Russisch. „Ich mag Fremdsprachen gern", sagt sie. „Ich beneide zweisprachig aufgewachsene Menschen – wobei ich dann vielleicht nicht so mit Sprache umgehen könnte wie ich es mit dem Deutschen kann. Aber es ist wunderbar, in einer anderen Sprache sprechen, agieren, sich ausdrücken zu können."

Italienisch lernte sie, weil sie italienische Musik mag. Russisch mochte sie, weil sie den Klang so mag und die russische Literatur liebt.

Sie reiste nach Petersburg und Moskau und träumt bis heute davon, eine Sibirienreise zu machen. Zumindest verwirklichte sie eine große Eisenbahnfahrt durch Länder der ehemaligen Sowjetunion. Im Sommer 2000 fuhr die so bodenständige wie umtriebige Schriftstellerin sechs Wochen lang im Literaturexpress durch Europa. Mehr als hundert Autorinnen und Autoren lasen und schrieben gemeinsam auf der Nord-Süd-Strecke, die von Portugal, Spanien und Frankreich über Belgien, Deutschland und Polen nach Litauen, Lettland, Estland, Russland und Weißrussland führte. In zwanzig Städten machte die Bahn Halt, die Reisenden stellten dort ihre Bücher vor, sprachen über Europa und die Literatur und feierten. Wie für Olympia hatte jedes Land seine Vertreter entsendet. Neben Felicitas Hoppe waren für Deutschland Dubravka Ugresic und Richard Wagner mit von der Partie. Felicitas Hoppe hatte an der Reise

vor allem die Tour durch russische Gefilde gereizt. „Der Osten zieht mich einfach an. Ich weiß so wenig über die Länder des Baltikums und da dachte ich: Fahr' ich doch einfach mal mit." Von den Kolleginnen und Kollegen aus den anderen Ländern kannte sie kaum jemanden: „Was die Literatur anbetrifft, ist es mit dem Vereinten Europa noch nicht weit her." Einen Grund sieht sie darin, dass die Literaturbetriebe meist um sich selber kreisen: „Wenn die Leute dreimal im Feuilleton einer großen Zeitung stehen, meinen sie, alle Welt müsste sie kennen. Das ist aber nicht so."

Völkerverständigung kann auch anders aussehen. Als Felicitas Hoppe mit Mitte zwanzig aus Amerika zurückkehrte, hatte sie keine Lust, einen deutschen Abschluss nachzuholen. Sie stürzte sich ins praktische Berufsleben, unterrichtete an privaten Schulen und am Goethe-Institut Deutsch als Fremdsprache. Nebenher schrieb sie. 1990 bekam sie im Künstlerdorf Schöppingen ihr erstes Stipendium. Sie hatte sich beworben: „Ich dachte, so schlecht ist das ja nicht, was du da machst." Das erste Stipendium zog eine Reihe weiterer Stipendien nach sich, über vier Jahre.

„Natürlich war eine Veröffentlichung nicht Pflicht, aber irgendwann fand ich, dass es Zeit sei, ein Buch zu machen." Im Mai 1994 schickte sie sieben Geschichten an zehn Verlage. Rowohlt biss an und verlangte ein ganzes Buchmanuskript. Im September 1994 unterschrieb sie den Vertrag, verwundert, „dass das so unglaublich einfach war". Wobei das Buch ihre Geduld noch einmal auf die Probe stellte: „Picknick der Friseure" erschien erst im Frühjahr 1996, anderthalb Jahre nach der bedeutsamen Unterschrift. Sowieso sei viel Zeit ins Land gegangen, findet Felicitas Hoppe. „Vom ersten Stipendium bis zur Buchveröffentlichung hat es sechs Jahre gedauert. Herausgekommen ist ein kleines Œuvre im Vergleich dazu, was andere in dieser Zeit machen."

Das mag daran liegen, dass sie sehr pointiert mit Sprache arbeitet und nicht episch. Auf neunzig Seiten hat sie zwanzig Texte versammelt, „geschliffene Miniaturen", wie es im Klappentext heißt. Felicitas Hoppe bündelt Bilder wie im Traum. Keine Geschichte verläuft linear, jede schlägt Haken, schnellt Passage für Passage aus der Kiste wie eine Überraschungspuppe und grinst bizarr. Die Autorin lässt phantasiereiche Assoziationen zu und ihre Geschichten in komische, schockierende, verwirrende Paradoxien kippen. Jede Geschichte endet unerwartet.

Ein Mädchen erwacht eines Morgens mit roten Haaren. Fortan lässt der wütende Vater ihr tagtäglich den Kopf scheren, vergeblich, die Haarpracht leuchtet tagtäglich neu. Zwei Wichte, „der Kleine und die noch Kleinere", mischen die Gäste im Speisesaal eines Hotels auf, verführen sie zum Erbsen zählen und Kartoffeln jagen und lösen sich dann auf im Schnee, der durchs Fenster herein weht. Eine Tante vermietet ihren Balkon stundenweise an „Frischluftnärrische". Ab und zu stürzt einer im rotseidenen Bademantel hinunter – *„und augenblicklich versammelt sich eine größere Menschenmenge unter dem Balkon meiner Tante, die in solchen Fällen die Treppe hinunterzuspringen pflegt, sie ist nicht mehr jung, und in einer kleinen Blechbüchse Gelder für die Gefallenen sammelt. Mit Hilfe der Gummizüge meiner Mutter verschnürt sie die Gestürzten zu handlichen Paketen, so dass sie anstandslos abgeholt werden können."*

Familiengeschichten dominieren beim „Picknick der Friseure", nichtsdestotrotz ist Felicitas Hoppe „keine Themenautorin". „Ich möchte Dingen aus der Wirklichkeit eine andere Form geben", erklärt die Autorin. „Für mich ist das Überwinden von Wirklichkeit interessanter als die Wirklichkeit selbst. Ich möchte nicht beschreiben, wie wir hier in der Küche saßen, sondern von einem Detail ausgehen und Neues erfinden. Es muss dadurch etwas in Gang kommen, eine eigene Motorik entstehen, die nur in diesem Text existieren kann." Zusammengehalten werden die Geschichten im „Picknick der Friseure" allein durch die Erzählweise, eine Erzählweise, die ihre eigene, ganz persönliche ist. „Ich weiß nicht, wie ich dazu gekommen bin, so zu schreiben. Offensichtlich hat mich irgendetwas dazu angetrieben." Bilder aus der Kindheit vielleicht, oder russische und südamerikanische Literatur, in der sehr viel freier mit Bildern umgegangen wird, die sich faktisch nicht erklären lassen.

Die Sprache muss den Leser animieren, weiter zu lesen. Er müsse sich ihr hingeben können, die Bilder genießen können, ohne sie interpretieren zu wollen. Felicitas Hoppe weiß, dass sie es Liebhabern herkömmlicher Geschichten nicht leicht macht. Sie habe das Lesepublikum sehr widerstreitend erlebt, sagt sie. Leute, die aggressiv reagierten, sich gefoppt fühlten und die Autorin fragten: Was soll das? Es soll zumindest niemand auf den Arm genommen werden, sagt die Autorin. Sie schreibe nicht, um dem Leser kommunikativ entgegen zu treten. „Ich bin in meinem Schreiben niemandem verpflichtet", verteidigt sich Felicitas Hoppe. „Wo steht geschrieben, dass ich als Autorin kommunikative Angebote machen muss? Das mache ich im täglichen Leben genug. In meinen Texten will ich machen, was ich will. Der Leser kann es sich aussuchen, ob er darauf eingehen will – ausbaden muss ich es. Wenn ich keine Bücher verkaufe, ist das mein Problem. Oder das Problem des Verlages."

Kritiker fanden das Buch gut, nahmen es „respektvoll, aber nicht euphorisch auf, wie heute gern behauptet wird", offenbart Felicitas Hoppe. „Man hat mich gelobt, aber diskret gelobt". Im Literaturbetrieb schätzte man sie, mehr noch als im Publikum. Sie kam aus Klagenfurt mit dem Ernst-Willner-Preis wieder, sie gewann den „aspekte"-Preis '96 für „das beste Debüt". Prompt stand sie in der literarischen Öffentlichkeit. Prompt interessierten sich literarisch versierte Menschen für sie. Ihr Leben änderte sich, auch wenn sie versuchte, das zu leugnen, weil ihr das nicht gefiel. Plötzlich musste sie sich damit befassen, was man über sie in der Zeitung schrieb. Nicht über das Buch, sondern über die Person.

„Je öfter man seine Geschichte erzählt, desto unwahrer wird sie", hat Felicitas Hoppe beobachtet. „Es gibt eine Unwahrheit, die unweigerlich durch Abschliff entsteht – wie sich etwas, das abgeschliffen ist, von seiner Naturform entfernt hat und etwas Künstliches geworden ist. In dem Moment fängt die Legendenbildung an. Aber was tut man dagegen?" Man müsse weniger oft auftreten, überlegt die Autorin, sich Räume schaffen, um zu frischer Luft zu kommen. Oder im Zweifelsfalle etwas ganz anderes machen. Nirgendwo stünde geschrieben, als Autorin qua Werk mit dem Leser zu kommunizieren, nirgendwo stünde geschrieben, einmal Buch – immer Buch. Oder: zweimal Buch – immer Buch.

Ihre Reiseabenteuer hat sie nicht eigentlich durch ein Buch reproduziert. Denn „Pigafetta" fasst die wundervolle Reise nicht einfach zusammen, verrät nichts von den Ländern, Kulturen, Menschen, Tieren. Sie habe ja immer nur zwei, drei Tage in den Häfen verbracht, sagt sie. Darüber könne sie also nichts sagen, wohl aber über das Leben auf dem Schiff. Über das Leben an Bord schreibt sie in „Pigafetta". Schreibt über Herrn Happolati, den Makler aus Bremerhaven, der auf Hochzeitsreise ist und der jüngeren Frau Happolati gern etwas bieten möchte. Schreibt über den Koch, der für die Monate auf See nur ein einziges Kochbuch eingepackt hat. Über den Klempner, der bei hohem Seegang über einem rohen Stück Fleisch ein Ei aufschlägt und mit frischen Zwiebeln belegt: „Travaillez et mangez" – „Arbeitet und esst, wenn es stürmt." Geheimnisvoll schleicht sich Antonio Pigafetta in das Buch, lässt die Grenzen zu den Worten der Ich-Erzählerin verschwimmen, Pigafetta, der vielleicht ein Geist ist und einst selbst unter Fernando Magellan tollkühn um die Welt reiste. „Pigafetta" ist ein bilderreiches, Wirklichkeit verfremdendes, poetisierendes Buch, aber es ist weniger phantastisch, schlägt weniger Purzelbäume, womöglich, weil ihm ein reales Abenteuer zu Grunde liegt. Die Kritik liebte und verachtete das Buch, das Publikum mochte es lieber als die „Friseure". Felicitas Hoppe gewann neue Leser, fesselte bisherige Leser – und verlor Leser. Bei einer Lesung in Essen, erinnert sich Felicitas Hoppe, stand ein Mann auf, der „Picknick der Friseure" liebte: „Ich möchte Ihnen sagen, wie tief enttäuscht ich von Ihrem zweiten Buch bin." Macht ihr Kritik etwas aus? Doch, sofern sie sie liest: „Alles, was man liest, ist in einem drin, man muss es dann wieder raus kriegen. Darum sage ich mir manchmal: Was ich nicht weiß ..." Felicitas Hoppe glaubt nicht an eine Zusammenarbeit zwischen Kritiker und Autor.

„Pigafetta" schrieb sie wieder zu Hause in Berlin, dann noch einmal komplett neu – während eines mehrmonatigen Stipendiums in der Schweiz. Zwölf, dreizehn Stunden arbeitete sie am Stück, es machte ihr nichts aus, sie merkte die Zeit einfach nicht und erlebte jedes Kapitel lang größtes Vergnügen. Sie schreibt ganz oder gar nicht, niemals nur ein bisschen. Darum hat sie ihr Leben in Blöcke unterteilt: in Projekt-Blöcke, Gar-nichts-tun-Blöcke, Schreibblöcke. Manchmal schreibt sie nachts – was den Nachteil hat, „dass man euphorischer ist und alles magischer, großartiger wirkt". Am Morgen ist Bürokram angesagt, erst nachmittags kommt sie mit dem Schreiben in die Gänge. Sie sei keine manische Schreiberin, unterstreicht sie, keine Schreibsüchtige, keine somnambule Schreiberin – „davon halte ich gar nichts". Auch nicht von Papierschnipseln, die tolle Gedanken festhalten. „Ich sage mir: Nachher habe ich vielleicht einen noch tolleren Gedanken – nehme ich halt den", denkt sie pragmatisch. „Zettelchen wären mir zu fummelig. Notizen helfen mir sowieso nicht.

Meine Texte entstehen bei mir aus dem Schreiben heraus." Aus den Bildern, die plötzlich vorm inneren Auge auftauchen, klare Konturen haben und an die Oberfläche gezogen werden müssen. „Das ist nichts Unterbewusstes. Das ist wie bei einer Theaterinszenierung, wo man weiß, die drei Schauspieler will ich so und so auf der Bühne haben, wieso, das weiß ich nicht. Ich merke nur, es ergibt sich ein Ablauf, der einem schlüssig und folgerichtig erscheint."

Dass manchen Lesern der Ablauf nicht schlüssig und folgerichtig vorkommen mag, liegt an der Eigendynamik, die der Text entwickelt und die den Leser außen vor lässt. „Ich rate meinen Lesern – obwohl eine Autorin ihren Lesern niemals raten soll – meine Texte an der Oberfläche zu lesen und nicht hinter den Bildern zu graben. Die lassen Intellektuelle ins Leere laufen." Witzigerweise gilt Felicitias Hoppe im Literaturbetrieb und in den Medien als „die Intellektuelle". „Wenn man etwas nicht versteht, vermutet man dahinter eine besondere Kraftanstrengung – das ist ein Irrtum. Ich will meine Intelligenz nicht unter Beweis stellen", kommentiert die Autorin das Etikett, das aus der Zeit der „Fräuleinwunder"-Euphorie herrührt. „Andererseits ist die Schublade 'die Intellektuelle' immer noch besser als 'die Kindfrau' oder 'die Laszive'."

Der Begriff „Fräuleinwunder" gibt in Felicitias Hoppes Augen Aufschluss darüber, wie Literatur aufgefasst wird. Es gibt kein männliches Pendant. Die Männer schließen sich selbst zusammen, wie im popliterarischen Quartett um Benjamin von Stuckrad-Barre. „Frauen sind einerseits klüger, weil sie sich solcherart nicht verschleißen lassen", findet Felicitas Hoppe, „und sie sind dümmer, weil sie sich passiv in Rollen drängen lassen. Vielleicht haben Frauen aber auch Vergnügen daran, sich schillernde Rollen zuweisen und sich bewundern zu lassen. Man kann sagen, das Label ist uns widerfahren, man kann aber auch sagen, dass wir genau das ausgenutzt haben und es genießen, weil dadurch Projektionen möglich sind. Der Leser hat genau das, was er möchte – Typen, an denen er sich orientieren kann, in die er hineinspinnen kann."

Schlagwörter müssen also nichts Schlechtes sein, können aber gehörig nerven. Felicitas Hoppe hat noch eines neben der „Intellektuellen" im „Fräuleinwunder" – die „Weltreisende". Seit dem bestandenen Seeabenteuer muss sie sich Frotzeleien anhören. „Ach, das ist diese Frau, die mal meinte, mit zwanzig Männern allein sein zu müssen", hieß es, oder, für Insider: „Am Fenster des Restaurants sitzt die berühmte Schriftstellerin, die einmal mit dem Schiff um die Welt fuhr. Ihre Freundinnen fachsimpeln über Fitness-Studios." Oder, nach einem Kongress des Schriftstellerverbandes in Köln: „Felicitas Hoppe, die mit dem Schiff einmal um die Welt fuhr, ist nun offenbar couragiert genug, um neben Günter Grass auf dem Podium zu sitzen." „Trauen Sie sich?", hatte man sie damals gefragt. Die rhetorisch versierte Felicitas Hoppe fand das komisch: „Ja, natürlich, warum nicht?"

Eigentlich ist die Neugier der anderen das Ergebnis vom Stubenhocken. Das Stubenhocken brachte Felicitas Hoppe zum Schreiben, das Schreiben zum Reisen, das Reisen zum Schreiben, das Schreiben zum Stubenhocken. So schließt sich der Kreis. Bis sich ein neuer öffnet.

Zoë Jenny

„Der Lohn ist das Schreiben selbst“

Geheimnisse haben etwas Magisches. Sie ziehen uns an, wir wollen sie ergründen, wollen erfahren, was da gewispert wird, wollen entdecken, was in der Höhle verborgen ist. Gern haben wir es eine Zeit lang ein bisschen spannend, doch dann wollen wir das Geheimnisvolle zu fassen kriegen, werden sonst ungeduldig, vielleicht zornig, wollen das Geheimnis verächtlich abkanzeln.

Zoë Jenny ist eine geheimnisvolle Frau, oder besser: Sie ist zu einer geheimnisvollen Frau gemacht worden. Sie ist jung, begabt und erfolgreich. Sie schreibt in sehnsuchtsvollen Bildern, die Rätsel aufgeben. Sie hat große blaue Augen. Das reicht, um ihr in den Medien eine mystische Aura zu verleihen, die Aura einer „melancholischen Kindfrau“.

Vielleicht hat Zoë Jenny zur Geheimniskrämerei um sich beigetragen. Es blieb ihr kaum etwas anderes übrig. Sie war 23 Jahre alt und hatte gerade ihren Roman „Das Blütenstaubzimmer“ veröffentlicht, als ein warmer Platzregen auf sie niederging – Fontänen aus Jubelgeschrei und Euphorie, aus Ruhm, Ehre und – in dickeren Tropfen als bei anderen schriftstellernden Einsteigern – aus Geld. Das war angenehm und das war brachial. Denn mit ihrem Debüt als Romanschreiberin hatte sie ihr Debüt in der literarischen Öffentlichkeit gegeben. Die kannte sie nicht. Absolut unbedarft sei sie damals gewesen, erinnert sie sich. Unbedarft und unsicher zwischen einer wildernden Meute aus wissbegierigen Menschen. Eine Rezensentin mit sensiblem Blick beobachtete damals: „In Fernsehreportagen war Zoë Jenny zu sehen, eingekeilt zwischen voyeuristischer Kamera und dem mit den Brecheisen seiner Fragen bewaffneten Moderator.“ Zoë Jenny zog Gräben zwischen sich und der Außenwelt. Sie verriet nur Bruchstücke aus ihrem Leben, blieb aller andauernden Fragen und journalistischen Ungeduld zum Trotz geheimnisvoll und galt künftig als „scheues Reh“. Sie nahm es hin und schrieb. Schrieb, um die Wucht des Erfolges aushalten zu können.

Als im Januar 2000 ihr zweites Buch erschien, „Der Ruf des Muschelhorns“, stand sie wieder in den Schlagzeilen der Feuilletons, doch diesmal regnete es viel Kritik, Spott und Häme. Mit dem Ergebnis, dass der Name Zoë

Jenny weiterhin dicke Lettern in die Köpfe der Leserinnen und Leser druckte. Wie beim „Blütenstaubzimmer" tourte sie monatelang durch die Republik und durch die Länder, um aus ihrem Buch zu lesen. Fand zwischendurch Zuflucht in Basel, ihrer Geburtsstadt, und in New York.

Erst nach vielen Wochen kann sie auf meinen Brief antworten. Dann dauert es noch einmal Wochen, bis wir uns im „Operncafé" in Frankfurt treffen. Die bekannten Bilder zeigen sie mit beinahe streng zusammengebundenen Haaren und einem ernsten Gesicht, das an die Malerin Paula Modersohn-Becker erinnert. Die Zoë Jenny vor mir wirkt weniger still als energiegeladen, trägt Signalrot und Schwarz, hat die dunklen Haare offen, strahlt. Gerade hat sie die Druckfahnen für ihr neues Buch korrigiert, ein Kinderbuch, das im Frühjahr 2001 erscheinen soll und „Mittelpünktchens Reise um die Welt" heißen wird. Es ist die liebevolle Geschichte eines Teddybären, der von einer Kinderhand in die nächste gerät und so die ganze Welt erkundet. Am Ende steht er, wie im klassischen Bildungsroman, als gereifter Teddybär da.

Zoë Jenny war selbst ein Bücherkind und ist in Druckwerk hineingeboren worden. Ihr Vater verlegte Bücher. Schreibende Menschen gingen im Hause Jenny ein und aus und sprachen über Bücher, die eigenen, die fremden. „Literatur war nichts Elitäres, Abgehobenes", sagt Zoë Jenny. „Die Auseinandersetzung mit Kunst und Literatur gehörte zum Alltag." Mit einem drei Jahre älteren Bruder wuchs Zoë Jenny in Basel auf und auch, da die Eltern gern reisten, in Griechenland, auf den Inseln Ios und Korfu. Sie erinnert sich kaum an die Zeit, allenfalls schemenhaft an das Meer und weißen Sand, an Fiebertage im Bett, an denen ihr die Mutter, eine Fotografin, vorlas. Zwei Jahre vergingen, dann zog die Familie ins Tessin, lebte zeitweilig im Künstlerhaus der Meret Oppenheim.

Wie sie ans Schreiben geriet, weiß Zoë Jenny nicht mehr. „Über das Lesen, glaube ich." Sie schrieb Gedichte, die „Angst" und „Einsamkeit" hießen. Sie schrieb „ganze Bücher voll", erzählt sie, „Beobachtungen, Übungen, Kurzgeschichten". Mit sechzehn veröffentlichte sie in einer Zeitschrift die erste Geschichte, „aber an die möchte ich mich lieber nicht erinnern". Im Zeitraffer skizziert sie die Jahre, die sie zur Schreiberin machten, zu einer jungen Frau, die bis heute daran glaubt, dass sie lebt um zu schreiben und dass sie schreibt um zu leben. „Ich habe zum Schreiben eine existenzielle Verbindung", sagt sie. „Schreiben ist mein Leben. Es ist alles." Weil sie es nur in so großen Worten ausdrücken kann, verlangt sie von sich selbst absolute Konsequenz und Hartnäckigkeit. Wer setzt sich schon nach dem Schulabschluss an den Schreibtisch, verweigert Lehre und Studium, um Schriftstellerin werden zu können? Zoë Jenny tat genau das.

Sie fing ein Buch an, das „Blütenstaubzimmer", und schrieb gezielt auf einen Roman hin. „Ich wusste, dass ich vom Schreiben leben würde", sagt sie, „wenn, dann davon. Sonst hätte ich es nicht gemacht." Nach einer Zeit des Ausprobierens und Wachsens sah sie Schreiben als Bestimmung, daraus bezog sie Sicherheit, Ehrgeiz, den Mut zum Risiko. Unbeirrbar jobbte sie als Modell und Kindermädchen, um das Schreiben bezahlen und ihr anarchistisch anmutendes Lebenskonzept leben zu können. Sie ließ sich von niemandem in ihre Pläne hinein reden. „Ich habe ein großes Bedürfnis nach Unabhängigkeit. Da bin ich kompromisslos und entscheide mich eher für den radikalen Weg" – der Freiheit bedeutet – und Isolation. „Ja, das ist die andere Seite", gesteht sie. „Isolation ist aber auch notwendig zum Schreiben. Da braucht man die Einsamkeit, da will man sie auch, muss sie sich erkämpfen und aufrecht erhalten, besonders, wenn man bekannt wird."

Drei Jahre schrieb sie am „Blütenstaubzimmer", dann schickte sie es herum, an Verlage, zweieinhalb Jahre lang. Als es 1997 zur Veröffentlichung kam, reagierten Schweizer Kritiker nicht gerade überschwänglich. Bis in Deutschland beim Ingeborg-Bachmann-Wettbewerb in Klagenfurt der „3sat-Preis" kam, der „aspekte"-Literaturpreis des ZDF und der mit 25.000 DM dotierte Literaturpreis der Jürgen-Ponto-Stiftung. Die Kritiker der Bundesrepublik waren begeistert von Zoë Jenny, sie lobten die „Unanfechtbarkeit" des Romans, die unverbrauchten Bilder und treffsicheren Formulierungen. Über 100.000 Mal verkaufte sich das Buch im Hardcover, inzwischen ist es als Taschenbuch erhältlich, in verschiedenen Lizenzausgaben und 23 Übersetzungen. In China landete das „Blütenstaubzimmer" auf Bestsellerplatz 1.

Der Zauber des Buches geht von vielerlei aus: der Erzähltechnik, der Sprache, der Symbole, der Stimmung, die eine schmerzliche, sehnsuchtsvolle, sinnsuchende ist. Der Roman erzählt die Geschichte von Jo, einem Mädchen, das bei seinem Vater aufwächst. Die Mutter sieht sie nur hin und wieder, dann zwölf Jahre lang gar nicht mehr. Mit achtzehn trifft Jo sie wieder. Die Mutter, sie heißt Lucy, verliert ihren neuen Lebensgefährten durch einen Autounfall und droht in den Wahnsinn oder in den Tod zu fallen. Die Tochter rettet sie.

„Ich bin noch nie von der Stadt allein in Lucys Haus zurückgefahren. Es sind erst wenige Wochen vergangen, seit ich sie aus dem Blütenstaubzimmer herausgeschleppt habe. Manchmal wecken mich Geräusche von draußen, und ich kann beobachten, wie Lucy in der Morgendämmerung, wenn noch alles still ist, im Garten die Blütenköpfe zwischen die Finger nimmt und daran riecht. Mit den Fingernägeln zwickt sie die länglichen Staubblätter von den Stengeln und sammelt sie ein. Dann geht sie ins Blütenstaubzimmer und schüttelt den Staub herunter. Der Blütenstaub liegt überall am Boden und auf dem Fensterbrett unter den hohen Kellerfenstern. Eine Matratze mit einem Laken, der einzige Gegenstand im Raum, liegt auf der Erde zwischen den Kellersäulen. Auf dieser Matratze hatte sie gelegen, nachdem Alois gestorben war. Am Morgen nach der Beerdigung habe ich aus einem Fenster im Eßzimmer beobachtet, wie ein Müllwagen vor das Haus fuhr und Lucy und ein paar Männer alles, was Alois gehört hatte, in den Müllcontainer warfen. Die Bilder, die zu groß für den Container waren, hackte ein Mann mit einem Beil in kleinere Stü-

cke. Gleich nachdem sie weggefahren waren, ging auch Lucy fort. Erst spätabends kam sie mit einem Korb voll frisch gepflückter Blütenköpfe zurück. Dies ging einige Tage so, und während dieser Zeit beantwortete sie keine meiner Fragen, sprach nie ein Wort. Als der Boden in Alois' leergeräumtem Atelier ganz mit Blütenstaub bedeckt war, schloß sie sich darin ein." (Aus: Das Blütenstaubzimmer)

Das Bild des Blütenstaubzimmers lässt sich verschieden deuten. Es steht durch die Blüten für Leben, durch den Staub für Tod. Es steht für Eingeschlossensein und Zwang, für Schutz und Geborgenheit: eine weiche, warme, schalldichte Höhle. Jo entscheidet sich am Ende des Buches fürs Alleinsein, verlässt Mutter, Vater, Freunde, in deren Leben sie allenfalls eine Randfigur sein und kein Zuhause finden kann.

Zoë Jenny wird bestürmt nach autobiografischen Zügen in ihrem Roman und hält sich zurück. Es gibt Parallelen zwischen Jo und ihr, uneindeutige, über die sich letztlich nur spekulieren lässt, und eindeutige wie die, dass beide Verlegerstöchter sind.

„Als meine Mutter ein paar Straßen weiter in eine andere Wohnung zog, blieb ich bei Vater. Das Haus, in dem wir wohnten, roch nach feuchtem Stein. In der Waschküche stand eine Druckmaschine, auf der mein Vater tagsüber Bücher druckte. Immer, wenn ich vom Kindergarten nach Hause kam, ging ich zu ihm in die Waschküche, und wir stiegen gemeinsam in die Wohnung hinauf, wo wir unser Mittagessen kochten. Abends vor dem Einschlafen stand er neben meinem Bett und zeichnete mit einer glühenden Zigarette Figuren ins Dunkel. Nachdem er mir heiße Milch mit Honig gebracht hatte, setzte er sich an den Tisch und begann zu schreiben. Im rhythmischen Gemurmel der Schreibmaschine schlief ich ein, und wenn ich aufwachte, konnte ich durch die geöffnete Tür seinen Hinterkopf sehen, ein heller Kranz von Haaren im Licht der Tischlampe, und die unzähligen Zigarettenstummel, die, einer neben dem anderen, wie kleine Soldaten den Tischrand säumten." (Aus: Das Blütenstaubzimmer)

Eine Rezensentin war die bohrenden Fragen ihrer Kollegen leid und schrieb: „Der autobiographische Ansatz jedoch, nach dem alle hecheln, sticht jedem aufmerksamen Leser ins Herz und neugierige Fragen bleiben einem im Halse stecken angesichts dieses unverstellten Blicks auf das mögliche Grau und die mögliche Leere im Leben. Mögliche! – denn Zoë Jenny läßt keinen Schwall von depressiver Lebensmüdigkeit auf den Leser los." Vielmehr liege in ihrer subjektiven Wahrnehmung „eine enorme Energie".

Zoë Jenny möchte nicht die Geschichte ihres Buches mit der eigenen Geschichte vergleichen. Sie möchte nicht über ihre Eltern reden. Sie sagt, dass sie mit einem Thema zur Welt gekommen sei, über das sie schreiben müsse. Alle Geschichten, die sie schreibe, seien Variationen eines immer wiederkehrenden Themas. Welches ihr Thema ist, muss der Leser erlesen, erfühlen, erkennen. Natürlich gehört Einsamkeit, über die sie schon als Kind schrieb, maßgeblich zu ihrem Leben. Einsamkeit, die nicht immer Traurigkeit bedeuten muss. Einsamkeit, die, wie auch die Rezensentin befand, ein Kraftspender sein kann und für die zierliche Schriftstellerin, die allein am Schreibtisch sitzt, ein Kraftspender sein muss. „Ich kann ja nicht einsam sein, da ich etwas in mir gefunden habe, an dem ich arbeite", sagt sie. „Anders ist es mit dem Alleinsein. Wenn ich mich allein fühle, habe ich meine Geschichten. Ich lese und bin nicht mehr allein."

Lesen und Schreiben sind ihr eine schalldichte Höhle. „Heimat ist für mich kein geografisch definierbarer Ort." Schreiben kann sie überall, an den Klapptischen im Flugzeug oder Zug, im Hotelzimmer. Sie liebt es unterwegs zu sein, in die Welt hinaus zu gehen, zu reisen. „Man erlebt das Leben intensiver, wenn man reist und sich bewegt, als wenn man zu Hause bleibt und nur um den Block spaziert. Natürlich muss man das auch können, immer nur flüchtig ankommen und dann wieder weggehen, loslassen. Für mich gehört das zum Schreiben – mich der Welt immer neu auszusetzen." Äußerliche Ruhelosigkeit ist notwendig, um innerlich zur Ruhe kommen zu können. Zur Zeit unseres Interviews lebt sie in Frankfurt, mit den Gedanken schon in Rom, wohin sie bald fahren möchte. Irgendwann soll es nach Berlin gehen, dann wieder nach New York. „Das ist eine so tolle Stadt, da bin ich sehr gern." Auf Amerika ist sie durch eine ihrer ersten Lesereisen gekommen. Sie mag das Land vor allem wegen seiner Offenherzigkeit. Sie habe dort nicht Unverständnis und Missgunst erlebt wie in Deutschland, fühle sich dort aufgeschlossen und selbstverständlich aufgenommen: „Dem Erfolg wird dort nicht misstraut, Erfolg ist *great* – großartig."

Als Zoë Jennys zweites Buch, „Der Ruf des Muschelhorns", erschien, gingen wohlmeinende und lobende Rezensionen in der Menge böser Kommentare unter. Manche Kritiken lasen sich nicht eigentlich als kritische Auseinandersetzung mit einem Buch. Sie wirkten wie persönliche Attacken, die eine erfolgreiche junge Autorin auf ihrem Höhenflug zu stoppen suchten. Das wäre kein neues Phänomen in der Literaturkritik, gestand ein Rezensent: „Zoë Jenny könnte es sich jetzt bequem machen und in sich hinein raunen, dass Zweitlinge von Erfolgsdebütanten von der bösen Presse sowieso immer verrissen werden, egal, wie gut oder schlecht sie nun sind", schrieb er. „Und wie gerne würde man sie trösten und mitraunen. Helfen würde man ihr damit aller-

dings nicht." Rezensenten fanden Zoë Jennys zweites Buch klischeebeladen, aufdringlich inszeniert und lieblos, das ist, bei allem Schmerz, den sie der Autorin zufügen, ihr gutes Recht. Aber ist es notwendig, einen Ton anzustimmen, der kritische Einschätzungen mit beleidigender Überheblichkeit paart? „Offensichtlich wollte die Autorin nicht einfach 'mehr von demselben' produzieren. Wo sie es dennoch tut, ist ihr zweiter Roman halbwegs passabel. Den Rest darf man vergessen", äußerte sich ein Kritiker.

Mit dem „Ruf des Muschelhorns" erzählt Zoë Jenny in zarten, intensiven, symbolträchtigen Bildern und mitunter lyrisch anmutenden Worten ein wehmütiges Märchen, die Geschichte von Eliza. Eliza, die als Kind von der Mutter zur Großmutter aufs Land gebracht wird.

„Großmutter Augusta war ein warmer rauchender Berg. Die Luft in der Stube war immer schwer vom blauen Nebel, der aus ihrer Meerschaumpfeife stieg und sich in ihren großen Röcken verfing. Augusta trug stets mehrere Röcke übereinander. In ihren Stoffschichten wie in einer Rauchglocke wandelnd, ging sie durch den Speicher, als müsse sie darin irgendwann selber zu Rauch werden." (Aus: Der Ruf des Muschelhorns)

Großmutter und Enkelin gelten im Dorf als Sonderlinge, als nicht dazugehörig. Wenn Eliza ihren Tag auf der Hochebene verbringt und es Abend wird, ruft die Großmutter sie mit dem Muschelhorn heim. Eines Tages stürzt die Großmutter von der Treppe und stirbt. Nach dem Einstieg, der wie die Erinnerung an einen Traum anmutet, wandelt sich der Geschichte entsprechend der Ton der Erzählung. Kälte kommt auf. Eliza wird ins Waisenhaus gebracht und spricht nicht mehr. Die Rosenbergs vom „Goldhügel" holen sie zu sich, da Herr Rosenberg Logopäde ist. Er trägt das Mädchen zu sich in sein Ehebett, als Frau Rosenberg verreist ist. Am nächsten Morgen ist Blut im Laken und Eliza fängt an zu sprechen. Mit George, dem Sohn der Rosenbergs, haut sie ab, landet erst zwischen skurrilen Typen, die unter einer Brücke hausen, dann in der Wohnung von Sue, die Whiskey mit Milch trinkt. Die Freundschaften halten nur kurz, dauerhafte Zugehörigkeit fühlt Eliza nicht. Sie verstummt und verstummt doch nicht.

„Eliza hatte schon seit Tagen kein Wort mehr gesprochen. Sie war alleine in der Wohnung. Das Licht der Leuchtreklame blinkte abwechselnd rot und gelb ins Zimmer. In der Nacht durchbrachen Flugzeuge die Schallmauer, und danach war es für ein paar Sekunden noch stiller als sonst. Das Muschelhorn lag auf dem Tisch, so, wie es immer bei der Großmutter auf dem Tisch gelegen hatte, jetzt war ihre Stimme in dem Muschelgehäuse aufbewahrt. Es war nicht mehr notwendig zu sprechen. Eliza war vollständig mit Schweigen ausgekleidet. Wenn zu viel Stille in ihr war, nahm sie das Muschelhorn, öffnete das Fenster und rief in alle Himmelsrichtungen. Ihr Atem strömte durch das weiße Gehäuse, die Verlängerung ihrer Stimme, und sandte einen trompetenhaften Ruf aus. Manchmal blickten Menschen in die Richtung, aus der der Ruf des Muschelhorns kam, als hörten sie ein Signal aus einer anderen Welt, und blieben, mitten im Lärm der Stadt, kurz stehen." (Aus: Der Ruf des Muschelhorns)

Damit endet Elizas Geschichte. Wieder ist es ein Buch, dass den Leser fragen und rätseln lässt. Stimmungen werden nicht beschrieben, sondern in mehrdeutigen Bildern ausgedrückt. Das Motiv der geheimnisvollen, Schutz und Geborgenheit gebenden Höhle findet sich auch hier. Das Muschelhorn ist nicht bloß ein Mittel zur Kommunikation, es ist vor allem ein „weißes Gehäuse", ein Zuhause, eine Höhle, der Hüter einer Stimme, die Außenstehenden nur geheimnisvoll Zeichen gibt von der Geschichte eines Mädchens. Hatte das Muschelhorn zu Großmutters Zeiten die Funktion, Eliza nach Hause zu holen, so holt es Eliza nun zu sich selbst. Es ist ihr ein Zuhause geworden, ein Refugium vor der Außenwelt. Wie schon im „Blütenstaubzimmer" steht auch hier die Einsamkeit der Kraft gegenüber. Das eine geht aus dem anderen hervor.

„Ich glaube, dass es viele Menschen gibt, die das Buch sehr gern gelesen haben", sagt Zoë Jenny und reagiert verwundert auf die Kritik an ihrem zweiten Roman: „Ich verstehe nicht, wie man sich über ein Buch ärgern kann, das ist mir vollkommen schleierhaft", sagt sie und schüttelt den Kopf. „Es gibt so wunderbare Bücher, ich liebe Bücher und will mich nicht ärgern darüber. Ich ärgere mich über andere Dinge, aber nicht über die Kunst." Sie selbst mochte das „Muschelhorn" lieber als das „Blütenstaubzimmer". „Weil ich es besser gemacht finde. Aber ich habe immer das letzte Buch am liebsten", lächelt sie,

„jetzt habe ich das Kinderbuch am liebsten." Kritisieren dürfen sie eigentlich nur zwei Menschen: Ihr Bruder, der sie bisher „immer begleitet hat", und ihr Verleger.

Die geben ihr das Selbstvertrauen, sich der Literaturwelt zu stellen, einer Welt, in der hauptsächlich Männer regieren. „Ich habe mit 23 Verlagen zu tun und mit keiner Verlegerin", ist Zoë Jenny aufgefallen. „Viele Lekoren sind weiblich, aber diejenigen, die über das Manuskript bestimmen, sind männlich. Genauso ist es mit Literaturkritiken, die meistens von Männern geschrieben werden, oft von Männern, die zwanzig Jahre älter sind als ich. Da ist es schon manchmal schwierig, angemessen beurteilt oder verstanden zu werden." Sie gilt als diejenige, durch die sich das „Fräuleinwunder" in Gang gesetzt haben soll. Was sie am meisten daran ärgert, stigmatisiert zu werden? „Ich weiß nicht mal, ob es mich ärgert", überlegt sie. „Bücher sind etwas Langfristiges, Bücher bleiben. Da darf ich mich nicht dauernd darüber ärgern, was momentan über mich geschrieben wird." Sie empfindet es als überheblich, dass Medienmenschen sie auf fremde Phantasien und Vermutungen festschreiben. Sie steuert gegen, indem sie sich entzieht, hinter ihren Büchern verschwindet, ihre Bücher sprechen lässt. Wo sie selbst ihren Platz in der Literaturszene sieht? „Ich weiß gar nicht, ob ich einen Platz möchte", antwortet sie. „Mein Platz ist der vorm Schreibtisch."

So sehr sie das Schreiben liebt, so selbstverständlich ist ihr die Existenz als Schriftstellerin. Dass sie vom Schreiben leben kann, empfindet sie nicht als privilegiert. Andere würden doch auch mit ihrer Arbeit Geld verdienen, wendet sie ein. Wenn Zoë Jenny selbst davon spricht, vom Schreiben zu leben, meint sie eigentlich etwas anderes, nicht vordergründig den finanziellen Ertrag, den sie mit Beiträgen in Zeitschriften und Zeitungen noch ergänzt. Sie meint den persönlichen Ertrag: „Der Lohn ist das Schreiben selbst. Das Schreiben eines Romans. Ich könnte ohne dem nicht leben. Das ist etwas Existenzielles für mich." Was nicht heißt, dass Schreiben nur berauscht, im Gegenteil. Schreiben ist harte Arbeit und weniger mit Glücksgefühlen als mit Kämpfen verbunden, das erfährt Zoë Jenny tagtäglich neu: „Alle sagen immer, dass sie so gern ein Buch schreiben würden. Aber das wünsche ich niemandem. Schreiben ist eine Obsession, eine Leidenschaft, die Leiden schafft. Dazu muss man konstitutioniert sein, eine Struktur haben, die einen dazu bringt. Leben mit Schreiben ist kein geruhsames Leben. Das ist sehr aufreibend – und das muss man lieben." Traumhaftes? Nein, Traumhaftes habe das Schreiben gar nicht an sich, sagt sie. Man werde zur Projektionsfläche aus Träumen der anderen: „Das kennen wohl alle erfolgreichen Menschen“, erklärt sie. „Dass Erfolg mit viel Schwerem verbunden ist, sehen die wenigsten. Für die lebe ich einen Traum. Aber das ist nicht mein Traum. Das ist der Traum der anderen.“

Wer träumt, schaut in ferne Welten, in andere Welten, zukünftige. Wie sie selbst die Wände ihrer Zukunftshöhlen ausmalt? Mit einer Familie, die sie gründen möchte, und vielen Büchern, „die geschrieben werden wollen“. Das nächste drängelt bereits, sie wird daran in Rom schreiben. Näheres dazu verrät sie nicht. Vertraut ihre Bilder und Geschichten ihrem eigenen Muschelhorn an. Geheim.

Stefanie Kremser

„Der Sehnsucht folgen, das ist mein Thema“

Der Ort passt nicht. Das Pressezentrum auf der Frankfurter Buchmesse. Keine Nischen. Geräumige Zweckmäßigkeit in Blau, Grau, Neonlicht. Zwei Schalensessel für uns, in grellem Rot und Grün. Ein Tisch, der auf einem Bein taumelt. Darauf leere Coladosen, Zigarettenschachteln, ein Aschenbecher, der vor Kippen überquillt. Stefanie Kremser holt Kaffee. Bevor sie ihre Geschichte erzählt. Eine Geschichte, in der es nach heißen *salteñas,* gefüllten Teigtaschen, und süßem Mais duftet, in der gelbrote Erde staubt und Indianerinnen mit goldverzierten Zähnen Trachtenröcke tragen. Eine Geschichte, die von Sehnsucht handelt. Der Sehnsucht nach Zugehörigkeit. Eine Geschichte der Zerrissenheit, die Wehmut nach sich zieht, zärtliche Erinnerungen, ein Phantasiegespinst aus wahren und erfundenen Bildern, die in dem Roman „Postkarte aus Copacabana“ mit sinnlichen Farben ausgemalt werden.

„Postkarte aus Copacabana“ ist Stefanie Kremsers erstes Buch. Auf der Buchmesse steckt es in mehrfacher Ausführung aufgefächert im Präsentationsregal. Der Verlag ist überzeugt vom Erzähltalent der Debütantin und hat seinen Werbeschwerpunkt auf ihr Buch gelegt. Der Reiz liegt in seiner Exotik: Neben den farbenfrohen literarischen Illustrationen Boliviens beschwört Stefanie Kremser in ihrem Roman magische Szenen, wie sie in der südamerikanischen Literatur Tradition haben. Im Verlagshaus gilt sie mit scherzhaftem Augenzwinkern als Gabriella Márquez, in Anlehnung an den kolumbianischen Weltliteraten Gabriel García Márquez. Stefanie Kremser liebt García Márquez, weil er menschlich und kühn schreibt: „In dem Buch ‘Liebe in den Zeiten der Cholera’ lässt er zwei alte Menschen miteinander Liebe machen und es duftet nach Magnolien“, sagt die Autorin in dem schwarzen Cape und lächelt über den Vergleich mit dem Literatur-Nobelpreisträger. „Ich würde nie an Gabriel García Márquez herankommen.“ Wenn Stefanie Kremser mit ihrer hellen, sanften Stimme den Namen des verehrten Schriftstellers nennt, schlägt sie eine kurze Melodie an. Sie spricht ihn perfekt spanisch aus. Spanisch ist die Sprache ihrer bolivianischen Großeltern. Die Sprache, in der sie zu Hause ist wie im Deutschen auch und vor allem im Portugiesischen. Portugiesisch ist die Sprache ihrer Kindheit und es ist die Sprache ihrer bislang unveröffentlichten Gedichte.

O balanço	*Das Wiegen*
balanço	*Wiegen*
das redes	*der Hängematten*
da gente	*wir*
nas redes	*in den Hängematten*
das redes	*die Hängematten*
no balanço	*sie wiegen*
das àguas	*über den Wogen*
do rio	*des Flusses*
murmúrios na noite	*die Nacht sie murmelt*
conversando com	*in geschwätzigen*
os sonhos	*Träumen: sie*
que balançam	*wiegen uns*
a gente	*wiegen*
ao dormir	*in den Schlaf*

In Stefanie Kremser haben sich zwölf Jahre Südamerika eingeschrieben. Als siebenjähriges Mädchen kam sie nach São Paulo. Ihr bolivianischer Vater arbeitete als Ingenieur in einer deutschen Firma und war nach Brasilien versetzt worden. Er freute sich. Seine deutsche Frau und die Tochter, mit der er ab und zu Spanisch sprach, nahm er mit.

Das kleine Mädchen erlebte eine neue Welt. Es kannte die mehrstöckigen Neubauten von Weißkirchen bei Frankfurt, den Hausmeister, der die Kinder nicht auf die Wiese ließ. In São Paulo lud ihr Vater zu Grillfesten ein. Viele Brasilianer kamen, brasilianische Kinder aus der Nachbarschaft, mit denen Stefanie Kremser spielte. Die Sprache lernte sie so schnell, als hätte sie sie wie einen Pudding heruntergeschlungen. „São Paulo ist meine Heimat", sagt die Autorin und zündet sich eine Zigarette an, „seine Menschen, die Gerüche, das Essen – schwarze Bohnen mit Reis, das Nationalgericht. Klingt nicht sehr aufregend, aber es ist sehr aufregend." Sie hat bis heute viele Freunde dort und liebt die brasilianische Lebensart: „Das Klischee: Arm, aber glücklich, stimmt nicht. Die Menschen dort sind arm, aber herzlich." Sie sah die Armut jeden Tag, die Straßenkinder, die klingelten und nach Flaschen und Zeitungen fragten, um sie zu verkaufen. Sueli, die Hilfe im Haus, nahm sie mit in die Küche und gab ihnen zu essen.

Stefanie Kremser und ihre Eltern lebten in einer deutschen Kolonie. Sie waren umgeben von bewachten Häusern mit hohen Mauern, hinter denen die Chefs von VW und Mercedes mit ihren Familien wohnten. Gärtner, Köchinnen, Putzfrauen, die abends nicht nach Hause gingen, sorgten für das Wohlergehen der Betuchten und Verwöhnten. Chauffeure brachten die Kinder morgens zur Schule, manche hatten Bodyguards. Nachmittags tollten die reichen Erben im hauseigenen Swimmingpool, am Wochenende fuhren sie in ihre Ferienhäuser am Meer.

Auch Stefanie Kremsers Vater hatte einen Firmenwagen: einen weißen Käfer mit roten Kotflügeln.

Mit vierzehn nahm Stefanie Kremser an einem Programm teil, das von der Schule ausging und Schülerinnen ermunterte, im staatlichen Waisenhaus zu helfen. Gemeinsam mit ihrer Freundin kümmerte sie sich fortan jeden Samstag um vier- bis sechsjährige Mädchen. Abends klammerten sich die Kleinen bettelnd an sie: Tante, bitte nimm mich mit zu dir nach Hause. Willst du mich nicht adoptieren? „Das waren Erlebnisse, durch die ich meine Augen aufgemacht habe", sagt Stefanie Kremser. „Man kann natürlich in so einem Land leben, ohne sich Gedanken über irgendetwas zu machen. Man kann einfach Luxus und Reichtum genießen und sich eines Tages zum Studieren in die USA schicken lassen."

Stefanie Kremser schloss die Schulzeit mit der brasilianischen Matura und dem deutschen Abitur ab. Sie hatte eine zweisprachige Schule besucht, auf dem Stundenplan standen Biologie und *biologia*, Englisch und *inglês*. Ihre Eltern waren nach Deutschland zurückgekehrt, als sie noch im Abitur steckte. Sie wollte nicht nachkommen, wollte in São Paulo Werbung, Kommunikationswissenschaften und Film studieren. Schließlich ließ sie sich mit Mutter und Vater auf einen Handel ein: Entweder wird sie von der Münchener Filmhochschule als Studentin angenommen oder sie darf auf dem sonnenwarmen Kontinent bleiben.

Sie war knapp zwanzig, als sie wieder deutschen Boden unter den von roter Erde gestreichelten Füßen hatte. Deutschland fühlte sich kalt an, nicht nur durch das Wetter. „Es ist hier nicht so einfach, Menschen kennen zu lernen", hat sie gemerkt. „Du gehst nicht einfach wie in Brasilien in ein Café und wirst angesprochen oder sprichst jemanden an, es muss ja nicht immer gleich ein Mann sein." Lieber hasteten die Deutschen an ihr vorbei in Kaufhäuser und hielten Ausschau nach der neuesten Videoausrüstung. Stefanie Kremser staunte: „Die kamen mir so konsumsüchtig vor. Ich dachte, ich müsste auf dem Mars sein."

Was ihr in Deutschland gefiel und woran sie sich gewöhnen musste, war das Gefühl von Sicherheit. Die Möglichkeit, als Frau allein auf die Straße zu gehen, abends die U-Bahn nutzen zu können. „Das bedeutete Selbstständigkeit und Freiheit für mich. In São Paulo brauchst du immer ein Auto und darfst abends nur an bestimmten Ampeln halten."

Sie bewarb sich für die Prüfung an der Münchener Filmhochschule. Es galt eine vergessene Persönlichkeit des öffentlichen Lebens ausfindig zu machen und zu porträtieren. Was wusste sie von deutschen Persönlichkeiten, von deutscher Öffentlichkeit? Hilflos rief sie bei der Vereinigung deutscher Balletttänzer an und ließ sich an einen alten Tänzer weiterreichen, der unmittelbar nach dem Krieg in Berlin ein sehr bekannter Mann gewesen sein musste: Rainer Köchermann. Seine Schönheit war welk geworden.

Als die Prüfungskommission Stefanie Kremser fragte, was sie am liebsten machen wolle, antwortete sie: Zurück nach São Paulo fliegen. Vielleicht haben die Prüfer gerührt gelächelt, verständnisvoll mit dem Kopf genickt, sich gar nichts dabei gedacht – jedenfalls vereitelten sie ihrer Kandidatin den Wunsch und nahmen sie an der Schule auf.

Die ersten Monate in Deutschland, als sie noch auf das Ergebnis aus München wartete, hatte Stefanie Kremser mit Jobs als Fahrerin und Messedame in Frankfurt verbracht und dabei keine Zeit zum Knüpfen von Freundschaften gefunden. Sie fühlte sich allein und außenstehend: „Ich sehe nicht aus wie eine Ausländerin und spreche keinen Akzent, bin aber trotzdem eine Fremde." In München begann nun ein neuer Lebensabschnitt, „eine tolle Zeit". Weil es gesetzlich so vorgeschrieben ist, studieren an der Filmhochschule ein Drittel Ausländer: Italiener, Griechen, Brasilianer – Menschen aus aller Welt. Eine bunte, überschaubare Gemeinschaft. Stefanie Kremser gehörte dazu. Zwischen ihnen war ihr wärmer zumute und sie genoss das Studium sehr: „Ich habe Dokumentarfilm studiert – das war genau das Richtige für mich." Zumal sie ihrem

Fernweh nachgeben durfte. Pro Film gab es zum Equipment ein Budget, das zwar nicht gerade üppig ausfiel, aber gestattete, dass sie zum Drehen durch die südliche Welt reiste und nach Italien, Spanien, Brasilien flog.

Mit einem italienischen Kommilitonen reiste die Studentin nach Apulien. Dort behaupten die Bäuerinnen einmal im Jahr, dass sie von einer Tarantel gestochen worden seien und wahnsinnig werden müssten. „Einen Monat lang, den ganzen Juni, dürfen sie schreien, brüllen, tanzen, auf Möbel steigen." Die Tradition rührt noch von den alten Griechen her, die Orakel von Delphi waren ihre Vorläufer. „Es hatte mit der Unterdrückung von Frauen zu tun", weiß Stefanie Kremser. Frauen wollten sich die Ungerechtigkeiten der Männer nicht mehr bieten lassen und verbreiteten die Mär, auf den Feldern von der Spinne gebissen worden zu sein. Die Gesellschaft akzeptierte den Weiberwahnsinn und heilt die Frauen seitdem alljährlich durch farbenfrohe, musikalische Rituale.

Ihren Abschlussfilm, den sie zusammen mit dem Bayerischen Rundfunk produzierte, nannte Stefanie Kremser „Ode an São Paulo". Er ist eine Liebeserklärung, die sie durch Bilder vom Leben eines berühmten Schriftstellers, einer reichen Hausfrau und einer Putzfrau aus einem Slum formuliert. Die Bilder von der Putzfrau zeigen Sueli, die Hausgehilfin von damals. Durch ihre Warmherzigkeit und Großzügigkeit ist sie zu einer unvergesslichen Instanz in Stefanie Kremsers Kindheit geworden.

Die Autorin und Filmemacherin vergleicht São Paulo mit einer Krake – so grausam sie ist, so schön ist sie. Sie ist ein Megalopolis, eine Stadt mit größenwahnsinnigen Ausmaßen. Sie bildet ein Konglomerat aus Nationalitäten, sie ist die Theater- und Galerienstadt Brasiliens, die Industrie- und Bankenstadt, die Stadt, die die Reichen und die Armen des Landes anzieht. „Ich war noch nie in New York, aber ich stelle mir vor, dass São Paulo ein armes, wildes, tropisches New York ist." Ein Moloch, der sich ständig verändert und ständig wächst. „Ich lebte damals in einem Stadtviertel im Süden, heute gehört es schon fast ins Zentrum." 1975 hatte São Paulo noch sieben Millionen Einwohner verzeichnet, als Stefanie Kremser ging, waren es schon fünfzehn Millionen Menschen, heute sind es zwanzig Millionen.

Ares pesados
na amarela cidade
como se fosse
pouso suave
de pena de pombo
sem alcançar
o asfalto negro
de hálito quente

Schwer ist die Luft
in der gelben Stadt
ein bisschen wie
die sanfte Landung
einer Taubenfeder
die ihn niemals berührt
den schwarzen Asphalt
mit seinem heißen Atem

Stefanie Kremser würde gern wieder in São Paulo leben. Vielleicht wird eines Tages etwas daraus, zusammen mit ihrem deutschen Freund, mit dem sie in München lebt. Um den Druck im Herzen aushalten zu können, versucht sie alle zwei Jahre nach Südamerika zu fliegen, nach Brasilien und Bolivien, um dort zwei, drei Monate die Gerüche, Farben, Wörter ihrer Kindheit zu spüren.

„Postkarte aus Copacabana" ist kein autobiografisches Buch, aber es ist ein Buch, das ein Stück ihrer Kindheit widerspiegelt. Die Autorin nimmt ihre Leser mit nach Bolivien und stellt ihnen drei Frauen vor: das Mädchen Alfonsina, das vom deutschen Großvater die blonden Haare geerbt hat und sich weder als deutsch noch als bolivianisch empfindet. Rosa, ihre Mutter, die Stewardess ist und in eine handfeste Identitätskrise gerät, als ihr aus Altersgründen der Dienst über den Wolken versagt wird. Elena, die Großmutter, die Dirndl trägt, Pfeife raucht, in der Hängematte liegt und Zwiegespräche mit dem längst verstorbenen Alois Bichl führt. Der Aspirinverkäufer war einst in den bayerischen Walchensee gestiegen, um am anderen Ende der Welt dem Titicacasee zu entsteigen und das Herz der jungen Apothekengehilfin Elena zu betören.

„Als Alfonsina ungefähr zehn Jahre alt war, setzte sich ihre Großmutter Elena manchmal abends an ihr Bett und erzählte ihr die Geschichte von Alois, dem Großvater.

Für Alfonsina war Elena eine außergewöhnliche Großmutter, nicht nur weil sie die schönsten Geschichten zu erzählen wußte, sondern weil sie stets ein bayerisches Dirndl trug, und das mitten im bolivianischen Hochland. Auch wenn die Kinder, mit denen Alfonsina spielte, ihre Großmutter manchmal auslachten: Alfonsina hatte sich nie für sie geschämt, sie kannte sie gar nicht anders, und außerdem galt ihre ganze Familie als ein wenig sonderbar. Was die Leute genau darunter verstanden, war ungewiß, denn sie beschränkten sich darauf, sie 'los alemanes', die Deutschen, oder 'los locos', die Verrückten zu nennen." (Aus: Postkarte aus Copacabana)

Wahr ist, dass auch Stefanie Kremsers bolivianische Großmutter immer viele Geschichten von ihrem deutschen Ehemann erzählte, verklärende, abenteuerliche, bunte Geschichten. Wenn die Enkelin ihren Vater fragte, ob das tatsächlich so gewesen sei, schüttelte der den Kopf: Nein, das war ganz anders. „Jeder hatte eine andere Version von den Geschichten, das hat mich fasziniert", sagt Stefanie Kremser. „Erinnerung ist so schön und subjektiv. Erinnerung ist immer phantastisch."

Wahr ist, dass auch ihre Großmutter auf der Farm in der Hängematte lag. Pfeife rauchte sie nicht, aber die Tante, eine von Großmutters Töchtern, die eine elegante und schöne Frau war. „Für mich hat Pfeiferauchen etwas ganz Damenhaftes", sagt Stefanie Kremser.

Mit fünfzehn, sechzehn Jahren schrieb sie die Anekdoten ihrer Großmutter auf. Sie überlegte, irgendwann eine eigene, verwandelte Geschichte daraus zu machen. Als sie in Bayern erstmals am türkisfarbenen Walchensee stand und ihn fast so schön fand wie den strahlend blauen Titicacasee, blitzte die Idee auf, dass genau dieser See das Tor zur anderen Welt sein könnte. Sie spielte mit dem Gedanken, aus dem Stoff der Großmutter einen Film zu machen und schrieb zunächst ein Treatment, eine Art Exposé. Dann machte sie mit ihrem Freund Urlaub auf Bali. Er ging tauchen und sie beschloss kurzerhand: Statt eines Films, für den ich nur neunzig Minuten Zeit hätte, mache ich ein Buch aus der Geschichte. Der Schritt vom Film zum Buch erschien ihr nicht groß. Abgesehen davon, dass im Drehbuch die Szenen und Bilder auch ausformuliert werden müssen, werden im Dokumentarfilm wie in einer Erzählung Geschichten über Menschen erzählt: „Beim Dokumentarfilm hat man die Freiheit, poetisch zu arbeiten, mit Montagen Dinge auszusagen, die nicht offensichtlich sind – und das ist Geschichten erzählen." Stefanie Kremser zog sich auf Bali in eine winzige Hütte zurück, begann zu schreiben und schaute zwischen den Gedanken auf das Meer, in dem sie am Abend schwamm.

Sie schickte die Fassung der Geschichte an den Piper-Verlag. Es kam schnörkellos und unproblematisch zur Zusammenarbeit. Der Verlag wollte das Manuskript. Seine angehende Autorin bewarb sich derweil um ein Stipendium beim Literarischen Colloquium in Berlin und saß künftig drei Monate lang in der Villa am Wannsee, um zu schreiben. Trotzdem gelang es ihr nicht, das Buch dort zu beenden. Das schaffte sie erst in Südamerika, wohin sie noch einmal für drei Monate reiste. Heimische Wärme umfing sie dort. Sie lebte im Haus ihrer Familie in Bolivien, in den mittleren, 2500 Meter hoch gelegenen Anden. Rostfarben und gelb sieht die Erde aus. Es wächst kaum etwas, allenfalls Eukalyptusbäume. Die Häuser sind aus gelbrotem Lehm gebaut. Den Gegensatz zu den gemäßigten Farben setzen die krachbunten Decken der Indianer, ihre schrillen Röcke und Ponchos. „Das ist das Schöne", sagt Stefanie Kremser mit zärtlicher Stimme, „oder der Markt. Die Farben knallen, Gerüche steigen in die Nase, da ist es laut, da wird geschrien, überall sind Hunde und Hühner und man hält ein Schwätzchen mit dem Nachbarn." In Bolivien fiel es ihr leicht, dem sinnlich-sehnsuchtsvollen Roman über drei Frauen in Südamerika den letzten Dreh zu geben. Im Haus ihrer Familie hatte sie Ruhe. Die Angehörigen und Andenbewohner behandelten sie ehrfürchtig: „Die kennen mich ja alle seit der Kindheit", erzählt Stefanie Kremser. „Man respektierte meine Arbeit, aber man fand sie auch suspekt: Eine Frau, die schreibt? So etwas Sinnloses. Noch dazu bin ich nicht verheiratet – ein Skandal. Aber sie akzeptieren es bei mir."

Als sie im März 2000 aus Südamerika zurückkam, hatte sie ein fertiges Buchmanuskript in der Tasche. Nach Monaten des Sinnierens, Erinnerns, Schreibens und Feilens ist der Text für Stefanie Kremser nun gut so wie er ist.

Er hat ihrer Kindheit Konturen und ihrer Sehnsucht Ausdruck gegeben. Einer Sehnsucht, die sie allen drei Romanfrauen in die Herzen legt. Einer Sehnsucht, die verschiedene Gesichter, aber immer eine Farbe hat. Einer Sehnsucht nach Zugehörigkeit. Wenn Stefanie Kremser über die junge identitätssuchende Alfonsina schreibt, schreibt sie über den eigenen Zwiespalt.

„Alfonsina duschte, probierte heimlich die Hautcremes ihrer Mutter aus, roch unentschlossen an den Parfumflakons und warf einen unzufriedenen Blick in den Spiegel: stumpfes Haar, helle, sensible Haut und wäßrige blaue Augen.

Je älter sie wurde, desto schwerer ertrug sie es, anders auszusehen als jeder normale Bolivianer. Auf der Straße hörte sie oft das Schimpfwort 'Gringa', was ihr sehr weh tat, denn es machte ihr deutlich, daß sie niemals wirklich dazugehören würde. Ein Gringo war ein Eindringling, ein blonder Ausländer, und in den Augen der Indios blieb sie es, obwohl in Copacabana jeder wußte, daß sie in La Paz geboren war. Alfonsina hatte schon immer gewußt, was es bedeutet, sich in der eigenen Heimat und in der eigenen Haut fremd zu fühlen." (Aus: Postkarte aus Copacabana)

„In Brasilien fällt man nicht auf", hat Stefanie Kremser erfahren, „da gibt es Immigranten aus aller Welt, da sprichst du die Sprache und dann bist du Brasilianer, alles andere ist den Leuten wurscht. Du wirst vielleicht 'die Deutsche' genannt, aber das ist ein Spitzname, noch dazu ein netter." Aber in Bolivien sei sie letztendlich immer die Fremde gewesen. Stieß sie aus Versehen jemanden an, spuckten ihr die Leute vor die Füße: Du Gringa. „Die Indianer dort hassen die Amerikaner, natürlich mit Recht, und wenn du blond bist, symbolisierst du sofort den Eindringling."

In Deutschland wiederum habe sie das andere Extrem erlebt: Dass man ihr das Fremdsein nicht ansah, nicht so ansah wie jemandem, der sich so fühlte, wie sie sich fühlte. Stefanie Kremser denkt nicht, dass ein Mensch nirgendwo dazu gehört, weil er anders aussieht als die anderen. „Aussehen sagt nichts darüber aus, wohin du gehörst, wo man sich zu Hause fühlt. Das sollte auch die Alfonsina in meinem Roman thematisieren. Für viele ist das Ende der Geschichte ihr Selbstmord, für mich aber ist es der Anfang ihrer Suche nach Heimat, nach einem Ort, an dem sie sich wohlfühlt. Der Sehnsucht folgen, das ist auch mein Thema."

„Das Naß umfaßte Alfonsinas Hüften, ihre Taille, streichelte sie zwischen den Beinen, umspülte ihren Bauchnabel.

'Du wirst dir dein Herz erkälten!' warnte Elena. (...) Das Wasser zog sie hinunter, nahm sie mit an den Händen und führte sie durch die eisigen, dunklen Flu-

ten. Blaßgrün schimmerten ihre Finger, die die Wogen umklammerten, und silbrige Fische streichelten ihren Bauch. (...) Und dann sah sie das dunkle Blau, das sie sanft in die Arme nahm und hoch in leuchtendes Türkis warf.

Alfonsina schoß durch die Wasseroberfläche hinauf, flog über winzige Wellen und sah, wie die Sehnsucht aus ihr wich, um in Millionen kleiner Eiskristalle über dem See zu zersprühen, der sie sanft an das Ufer trug." (Aus: Postkarte aus Copacabana)

Alfonsina geht den umgekehrten Weg wie ihr Großvater Alois Bichl. Seine Reise führte ihn vom bayerischen Walchensee in den bolivianischen Titicacasee, Alfonsina steigt in den Titicacasee, um zwischen türkisfarbenen Wellen aufzutauchen, die sich offenbar im Walchensee kräuseln. Die Autorin selbst ging in beide Richtungen.

Bei aller Liebe, die sie für Südamerika empfindet, glaubt Stefanie Kremser überall leben, überall und nirgendwo zu Hause sein zu können. Vielleicht, weil sie kein Elternhaus im bildlichen Sinne habe, sagt sie, weil sie in so vielen Häusern gelebt habe, in so vielen Ländern und Stadtvierteln und daher keinen Hafen kenne, möglicherweise gar nicht in der Lage sei, einen Hafen herzustellen. „Ich denke nicht in Richtung Familie. Ich werde schnell unruhig, vielleicht deshalb, weil ich so oft umgezogen bin. Meine Zugehörigkeit finde ich, glaube ich, genau in dieser Zerrissenheit."

Das Gefühl der Zerrissenheit ließ sie schreiben. Das Schreiben brachte sie in ihrer Identitätssuche, in ihrer Suche nach Zugehörigkeit weiter. Mit „Postkarte aus Copacabana" schrieb sie literarisch zum ersten Mal auf Deutsch. Vorher hatte sie sich nicht getraut: „Es gibt eine Stimme in deinem Kopf, die eine Sprache spricht. In der Sprache denkst du und in der Sprache musst du schreiben. Es hat lange gedauert, bis ich auf Deutsch gedacht habe." Manchmal tauchen in ihrem Buch Wörter auf, die im Deutschen so nicht gebraucht würden. „Zuckern" etwa. Die tratschenden Nachbarinnen in ihrem Roman raspeln Süßholz – in ihrer Sprache heißt das: Sie zuckern. Vielleicht, mutmaßt sie, schreibe sie mitunter in altmodischem Deutsch, weil sie es in der deutschsprachigen Schule in Brasilien so gelernt habe. Sie möchte weiter auf Deutsch schreiben, auch wenn sie weiß: Zwei Wochen Brasilien und die Stimme in ihrem Kopf wispert unüberhörbar portugiesisch. Dann fängt Stefanie Kremser wieder an, Gedichte zu schreiben. „Portugiesisch ist eine so sinnliche Sprache, sie hört sich wunderschön an und ist wunderbar für Gedichte."

Wenn Stefanie Kremser in München schreibt, zieht sie sich in das kleinste Kämmerchen ihrer Wohnung zurück, das ist ihr Zimmer, ihr „Mutterbauch", wie sie sagt, in dem sie sich geborgen fühlt, weil sie sich beim Schreiben geborgen fühlen muss und Ruhe braucht – „ich darf mich nicht bewegen, sonst schweife ich aus". Im Moment schreibt sie wieder für den Film, zwei Drehbücher hat sie in Arbeit, beide für den Bayerischen Rundfunk. Das eine ist für die Reihe „Fernsehfilm der Woche" gedacht, das andere für einen „Tatort" mit Leitmayr und Batic. Stefanie Kremser ist der erste weibliche Drehbuchautor für den Münchener „Tatort". Sie hatte eine Idee für einen Krimi in München gehabt und nach ständig wachsenden Entwürfen – vom Exposé zum Treatment zum Rohdrehbuch zum Drehbuch – endlich den Vertrag unterschreiben dürfen. Die Filme sind für den Winter 2001/02 geplant. Mehr darf sie nicht verraten.

Sobald die Drehbücher fertig sind, möchte sie wieder für zwei Monate nach Südamerika, um dort für ihr nächstes Buch zu recherchieren – „aber es wird keine Fortsetzung meines ersten sein". Daneben hat sie sich eine Erzählung ausgedacht, die geschrieben sein will. „Ich wünsche mir, einfach weiter schreiben zu können und die Möglichkeit zu haben, ein zweites Buch herauszubringen. Das ist schon ein großes Glück."

Noch ist es ausschließlich „Postkarte aus Copacabana", das auf der Buchmesse präsentiert wird, neben vielen anderen. Bei allem Stolz und aller Hoffnung, die das gedruckte Werk weckt, will sich die Autorin keinen Illusionen hingeben – der Autor führe auf der Buchmesse ein einsames Dasein, hat sie gelesen. Doch nicht nur auf der Buchmesse müsse er sich fragen, wie wirkungsvoll seine Arbeit sei. „Ein Buch gibt einem Leser für eine gewisse Zeit etwas", sagt die studierte Dokumentarfilmerin, „und dann ist die Zeit vorbei. Das ist wie beim Film. Neunzig Minuten, in denen die Leute zuschauen, dabei Popcorn essen und zwischendurch aufs Klo gehen. Ist der Film zu Ende, bleibt nichts mehr übrig."

Man muss nicht mit ihr übereinstimmen. Es kann etwas übrig bleiben. Das Gefühl, verstanden zu werden, vielleicht. Oder beeindruckt zu sein. Stefanie Kremser weiß, dass ihr Buch bislang von vielen gern gelesen worden ist, vor allem von Frauen, „die sich wohl besser in die Geschichte hereinfühlen konnten als Männer". Das hat sie schon während der Schreibphase erlebt, als sie offenbarte, über Frauen zu schreiben: „Man wird dann gleich in die Ecke Frauenbuch gedrängt. Sowieso ist es nicht das Gleiche, wenn Frauen schreiben. Bei Männern hat es was. Das ist wie bei den Köchen: Wenn ein Mann kocht, ist er ein wunderbarer Künstler in der Küche, wenn eine Frau kocht, ist sie eine Hausfrau. So ist es auch in der Literatur." Doch aus Frust und Enttäuschung Vorurteile dieser Art zu übernehmen, käme ihr nicht in den Sinn.

So feste Standpunkte sie einerseits hat, so unsicher fühlt sie sich andererseits, unsicher und hin- und hergerissen. „Ich weiß nicht, ob ich zu meiner deutschen Seite stehen soll, ob ich das schaffe. Nachdem ich es geschafft hatte, auf Deutsch zu schreiben, dachte ich: Na, jetzt bin ich es ja doch, eine Deutsche. Eine deutschsprachige Autorin. Aber der exotische Teil meines Buches wirkt interessanter – und das ist mir ganz recht."

Man könnte sagen, sie hat ein Doppelleben – ein deutsches und ein südamerikanisches. Eine doppelte Identität, die ein Gewinn ist und Literatur hervorbringt. Stefanie Kremser selbst drückt es in diesem Moment nicht additiv aus. Sie fühle sich „halb Deutsch und halb Südamerikanisch", sagt sie. Für „halb" gibt es keinen Pass. Es gibt nur einen Pass, der ihr die deutsche Staatsangehörigkeit zuweist. Aber Pässe passen oft nicht. Wie der Ort, den wir jetzt verlassen. Zwischendurch hat es hier nach *salteñas,* gefüllten Teigtaschen, geduftet und nach süßem Mais, wir hatten gelbrote Erde unter unseren Schuhen gehabt, Indianerinnen mit goldverzierten Zähnen hatten ihre Trachtenröcke vor unseren Augen gewirbelt. Für zauberhafte Momente des Erinnerns und Erzählens ist der Raum um uns tatsächlich bedeutungslos gewesen.

Como transformar o rio
em pérolas?
Contadas, perfuradas, enfiadas
elas embelezam meu existir
e eu sei: esta é antes desta
que é antes desta que é...
Se mido este tempo
em atos
não lembro-me
de relógios.
De resto: eu aqui sentada
esperando, abrindo colares,
escutando o barulhinho
das pérolas caindo no chão

Wie einen Fluss
in Perlen verwandeln?
Gezählt, gelocht, aufgereiht
Schmücken sie mein Dasein
und ich weiß: diese kommt vor der,
die vor jener und die...
Ermesse ich diese Zeit
in Taten
finde ich
keine Uhren.
Ansonsten sitze ich da,
warte, löse die Ketten
und lausche dem Geräusch
auf den Boden fallender Perlen

(Gedichte: Stefanie Kremser, übersetzt von Stefanie Kremser)

Tanja Langer

„Ohne Lesen, ohne Schreiben bin ich nur halb“

Tanja Langer ist keine Alberta. Alberta ist dick und liebte es schon als Kind, „ihre Finger in seidige Buttercremes, luftige Soßen oder geschmeidigen Teig zu stecken“. Als Erwachsene geht sie jeden Mittwoch Nachmittag in die Konditorei, um über kalorienreichen Träumen aus Sahne und Schokolade Franz, den Kellner, anzuhimmeln. Alberta hat einen robusten Magen und ist Hauptfigur der Erzählung „Baba Rum“. Tanja Langer hat seit jeher einen empfindlichen Magen und ist Autorin der Erzählung „Baba Rum“. Sie hat sie für eine Zeitschrift (MAGAZIN, 10/99) geschrieben.

Tanja Langer wirkt zarter als auf den Fotos ihres Verlages. Sie trägt einen kurzen Pullunder, unter dem das karierte Hemd hervorschaut. Ihre Haare hat sie lustig hochgebunden. Sie lacht gern. Manchmal hat sie, gesteht sie, kindliches Vergnügen daran, sich vorzustellen, dass jemand da ist, der gar nicht da ist. Das hat mir ihrer Lust am Surrealen zu tun: „Manche Dinge können intensiv erlebt werden, obwohl sie nicht eigentlich greifbar sind.“

Auch in ihrer Literatur spielt sie mit Überwirklichem, mit Tagträumen und Bildern, die vorm inneren Auge einer Hauptfigur auftauchen. Wie in „Cap Esterel“, ihrem ersten Roman. Das Buch erzählt die Geschichte eines Mannes, der sich während einer Reise an die südfranzösische Küste an seine Vergangenheit erinnert. Seine Sinne haben Bilder gespeichert, die wieder hervorgeholt werden und neue heraufbeschwören, als er eine Unterkunft bezieht, die er schon einmal bewohnt haben muss, als er das Rauschen des Meeres hört, das mit einem tragischen Erlebnis in Verbindung steht.

Vergangenheit und Erinnerung bestimmen die Literatur von Tanja Langer immer wieder. „Was spielen Vergangenheit und Erinnerung für eine Rolle in unserem heutigen persönlichen Dasein?“, fragt sie. „Wie hat uns Vergangenes geprägt? Wie gehen wir damit um und, im weiteren auch, wie geht man in unserem Land damit um?“ Eigene und gemeinsame Vergangenheit hängen zusammen und schreiben sich über Generationen in die Menschen ein, sagt Tanja Langer.

In ihrem Hörspiel „Fluchtpunkte“ versucht eine Frau sich über sich selbst klar zu werden, indem sie die eigene Vergangenheit mit der Flüchtlingsvergangenheit ihrer Familie zusammensetzt. Die Erinnerungen und Erfahrungen ihrer Familie haben sie geprägt und sind Teile ihrer Identität.

In ihrem gerade entstehenden Roman „Der Morphinist" hinterfragt eine junge Mutter eigene Werte, als sie mit der Lebensgeschichte des Faschisten und Hitler-Freundes Dietrich Eckart konfrontiert wird.

Sie sei ein typisches Kind der späteren Nachkriegszeit, sagt die 1962 geborene Tanja Langer. Sie sei damit sozialisiert worden, sich in der Auseinandersetzung mit der eigenen Identität auf den Nationalsozialismus und Holocaust zu beziehen. Ihre Eltern waren Kinder und Jugendliche im Dritten Reich.

Inzwischen ist sie selbst Mutter von drei Kindern und erinnert sich. „Ich spüre im Umgang mit meinen Kindern, dass ich mit vielem aus meiner Kindheit und Jugend wieder in Berührung komme."

Die drei Töchter wachsen in einem honiggelben Mietshaus mit Garten in Berlin-Schlachtensee, einem Teil von Zehlendorf, auf. Zehlendorf, das den Mitte-Berlinern meist zu weit draußen liegt und naserümpfend als Gegend der Betuchten abgetan wird. Alles Vorurteile, findet Tanja Langer. In einer Zeitungsglosse über das literarische Leben in Berlin erzählte die Autorin von Schlachtensee, schrieb, dass es natürlich „entsetzlich wohlhabende Leute" dort gibt, die BMW's als Zweitwagen fahren, Luxusvillen mit Swimmingpool bewohnen und „schön unter sich bleiben". Mitunter erinnert sich die ehemalige Schönebergerin dann wehmütig an die Hinterhausfenster, die Döner- und Hähnchenbuden und das „Multikulti-Stimmengewirr". Doch der Sommer am Schlachtensee entschädigt für vieles. „Am Wochenende finden viele andere Berliner dann plötzlich auch, dass es angenehm ist, im luftigen Wald und am erfrischenden See zu sein. Im Zehn-Minuten-Takt werden sie von der S-Bahn ausgespuckt, käsebeinige Horden mit Badematten, Radios, Kind und Kegel, die sich am Abend als Rothäute wieder trollen müssen. (Wir kriegen keinen Sonnenbrand, wir sind ja immer draußen.)" Ihre Kinder jedenfalls kann sie in dem beschaulichen Ort unbesorgt zum Brötchen holen schicken. An diesem Nachmittag sind die Mädchen nicht da: „Dass hier stundenlang Ruhe ist, kommt selten vor", sagt ihre Mutter beim Interview in der Küche und räkelt sich auf dem Stuhl. Ein Bein hat sie hochgezogen, auf das Knie stützt sie ihren Ellenbogen. Auf dem Boden liegen Bauklötze.

Tanja Langer ist in Wiesbaden geboren und aufgewachsen. Geschwister hat sie keine. Ihre Eltern führten ein Restaurant. Die Mutter kochte, der Vater kellnerte. Nach dem Abitur ging sie nach Paris. Sie hatte an ihrer Schule, einem humanistischen Gymnasium, Französisch nur in Nachmittagskursen

belegt. In Frankreich wollte sie es richtig lernen. Sie hatte beste Bedingungen: Sie besuchte die Sorbonne – an der Universität hatte schon Simone de Beauvoir studiert.

Auf Paris folgten München und ein Politik- und Philosophiestudium. Doch Tanja Langer fand München „schrecklich", der Föhn machte ihr Kopfschmerzen, und so zog sie nach Berlin, studierte fortan vergleichende Literaturwissenschaft und Philosophie. Sie überlegte, Journalistin zu werden. Fernsehpraktika beim ZDF in München und Mainz sollten sie auf den Weg bringen. Doch gefiel ihr der Journalismus nicht, eher die Fotografie, auf die sie in den letzten Semestern ihres Studiums kam. „Ich entwickelte in der Zeit eine Weigerungshaltung gegenüber der Sprache", erinnert sie sich. „Ich dachte, Bilder wären meine Sache." Dann stieß sie auf das Theater – Sprache und Bilder verschmolzen für sie wieder.

Tanja Langer las alles von Henrik Ibsen, Tennessee Williams, Eugène O`Neill. Sie liebte Shakespeare und vor allem sein Werk „Antonius und Cleopatra". Eines Tages hörte sie, dass die Freie Volksbühne dabei war, das Drama um die ägyptische Königin und ihren Liebhaber, der zudem selbst ein großer Staatsmann war, zu inszenieren. Die Noch-Studentin war zu neugierig, als dass sie sich hätte bremsen können – kurzerhand suchte sie die Theaterproben auf. Sie schlich vom Foyer zum großen Zuschauersaal, traute sich aber nicht herein und sprach beherzt eine Souffleuse an, die in Richtung Klo ging. Ob sie nicht vielleicht mal bei den Proben zugucken könne? Die Frau verschaffte ihr einen Termin beim Dramaturgen, der wies auf einen Stapel Mappen – Bewerbungsmappen. Wer beim Theater hospitieren möchte, der stelle sich schriftlich an. Wieso sie sich ausgerechnet für „Antonius und Cleopatra" interessiere, fragte der Dramaturg. Sie begann zu schwärmen, der Dramaturg merkte: Die kennt sich aus – und ließ sie ein. Das Studieren geriet zur Nebensache, denn das Agieren und Probieren auf der Bühne erforderte Tanja Langers ganze Aufmerksamkeit – sie ließ sich ein, voll und ganz. Als sie hörte, dass sich an der Uni eine Theatergruppe gegründet hatte, schloss sich Tanja Langer ihr an und begleitete die Inszenierungen. In ihrer ersten Regie brachte sie Shakespeares „Othello" auf die Bühnenbretter. Das sei ihre publikumswirksamste und erfolgreichste Inszenierung gewesen, erzählt sie schmunzelnd: „Wir haben das ganz unbekümmert gemacht und mit fünf Frauen und einem Mann eine wilde, experimentelle Kurzversion von Othello improvisiert." Mit „Mühe und Not" beendete sie ihr Studium. Sie wollte endlich nur noch Theater machen und tauchte in die freie Theaterszene Berlins ein, stellte dort eigenhändig Produktionen auf die Bühne, engagierte Spieler und Bühnenleute. Finanzieren konnte sie ihre Arbeit durch Stipendien, und ihr Mann fütterte sie mit durch.

Das Theaterleben hatte ein Ende, als sie Tochter Josefine bekam. Das Kind war neun Monate alt, als Tanja Langer ihre letzte Produktion einstudierte, „Delirium zu zweit" von Ionesco. Sie war tagsüber für ihre Tochter da und ging abends zu den Proben. Ihre Kräfte verschlissen, sie fühlte sich völlig ausgelaugt und erschöpft und setzte einen Schlussstrich unter das Theaterleben.

Und nun? Verstärkt durch das Kind spürte sie einen enormen Druck, Geld zu verdienen. Sie fing an zu schreiben, wieder an zu schreiben. Ihr erstes Gedicht hatte sie im zarten Alter von neun Jahren verfasst. Zwischen zwanzig und dreißig waren viele Geschichten entstanden, die sie in der Schublade abgelegt hatte. Obwohl es damals immer ihr Wunsch war, zu schreiben, dachte sie: Meine Texte sind nicht gut genug. Was habe ich schon zu erzählen? Sie hatte den Ton von Marcel Proust, Rainer Maria Rilke und Virginia Woolf im Ohr, dagegen erschienen ihr die eigenen Sätze klein und kläglich. „Nein, nein, ich habe nichts zu erzählen."

Das Theater hatte sie erstmals wieder zum Schreiben gebracht. Sie schrieb das Stück „Ich bin die Nacht" über Selma Meerbaum-Eisinger (1924-1942), eine jüdische Dichterin, die im Arbeitslager Michailowska an Flecktyphus gestorben war. Danach entwickelte sie „Hagazussa", ein Hexenstück für Kinder und Jugendliche, das beim Deutschen Jugendtheatertreffen ausgezeichnet wurde.

Das Theater half ihr, mit dem gedachten Wort offen umzugehen, es ohne Scheu an die Öffentlichkeit zu geben. Als sie sich nun aus der Szene zurückgezogen hatte, schrieb sie ein drittes Stück, „Fluchtpunkte", das sie den großen Theaterverlagen anbot. Man lobte die Geschichte, vor allem die Sprache und riet ihr, Prosa zu schreiben. Aus dem Stück entstand ein Hörspiel.

„Fluchtpunkte" erzählt in lyrischem Stil von einer Familie, die nach dem Krieg aus Oberschlesien in den Westen geflohen ist. Während des Zweiten Weltkriegs befanden sich allein vierzehn Millionen Deutsche auf der Flucht. Das zerstörte Land musste sich nicht nur durch den materiellen Aufbau, sondern auch durch die Umsiedlung ganzer Familien neu ordnen.

Für den Hörer müssen sich auch die „Fluchtpunkte" erst ordnen. Die Autorin hat ihre Geschichte collagenartig zusammengesetzt. Stimmen sind zu hören, jüngere, ältere Stimmen aus verschiedenen Zeiten, die von Flucht erzählen, vom Leben im Auffanglager, vom Leben im Aufbau. Scheinbar zusammenhanglose Fragmente aus Erinnerungen und Erzählungen werden nach und nach zu einem Bild montiert. „Man denkt und erinnert ja in Splittern", begründete Tanja Langer einmal ihre Erzähltechnik, „man fügt oftmals Bilder zusammen, interpretiert sie neu, setzt sie nochmals anders zusammen und hört eine andere Stimme dazu." Eine Stimme in dem Stück gehört einer Nachfahrin, möglicherweise einer Enkelin der Familie, einer jungen Frau der Gegenwart. Sie wird mit den Erzählungen der Älteren konfrontiert und träumt Landschaften, die sie nicht kennt. Sie versucht sich in die Erlebnisse der Mutter einzufühlen, um Klarheit über das Verhältnis zu sich selbst zu gewinnen. Sie versucht zu ergründen, was hinter den Geschichten steckt, die sie zu hören bekommt, Geschichten, die zu Klischees erstarrt sind und selbst von denjenigen, die sie erlebt haben, immer gleich repetiert werden. „Wir waren noch Kinder, jaja." „Wir hatten ja nichts damals." „Wir sind doch nicht schuld." Tanja Langer wünscht sich einen differenzierten Blick auf die Vergangenheit, kein Festkrallen, sondern Offenheit und eine facettenreiche Auseinandersetzung. „Ich lehne die Debatte ab, nach der ein Schlussstrich unter deutsche NS-Vergangenheit gezogen werden soll. Das ist dumm, so etwas zu sagen. Andererseits hat Martin Walser schon Recht, wenn er sagt, dass die moralische Keule Auschwitz zu oft strapaziert werde. Das kann den Blick versperren und dazu führen, dass man gar kein Verhältnis zur Geschichte hat und Vergangenheit zu Klischees gerinnt." Nur ein gutes Verhältnis zur Vergangenheit ermöglicht in ihren Augen ein gutes Verhältnis zur Gegenwart und Zukunft, das gilt für den Menschen selbst und für die Gesellschaft und ihr Land.

Josefine war zwei, als Tanja Langer wieder schwanger wurde. Mit Zwillingen. „Alle fragen mich, ob das nicht ein Schock gewesen sei. Ich musste damals furchtbar lachen, als ich es erfuhr, denn es passte eigentlich überhaupt nicht", sagt sie und lacht wieder, der Zopf auf ihrem Kopf wackelt. „Ich dachte, mich tritt ein Pferd. Aber dann empfand ich es als Geschenk, Zwillinge zu kriegen." Nur, drei Kinder wollen versorgt sein, da brauchen nicht mehr nur zwei Füße neue Winterstiefel, sondern sechs. Plötzlich fühlte sich Tanja Langer trotz des erwerbstätigen Ehemanns dazu herausgefordert, ihre Talente zu bündeln und innerhalb kürzester Zeit herauszufinden, was sie kann, um damit Geld zu verdienen. „Gerade als ich zwillingsschwanger war, wusste ich: Jetzt musst du dein Leben in die Hand nehmen. Das spielerische Suchen und Tasten ist in die Literatur gewandert. Meine Töchter haben mich erwachsen gemacht."

Eine Freundin riet ihr, Rezensionen zu schreiben: Du erzählst doch so schön über Bücher. So schrieb sie über die amerikanische Lyrikerin Anne Sexton und bot die Rezension dem „Tagesspiegel" an, der nahm sie sofort und Tanja Langer muss sich seitdem keine eigenen Bücher mehr kaufen. Es blieb nicht nur bei den Rezensionen im „Tagesspiegel", es folgten Besprechungen in der „Literarischen Welt" und in der deutschen „Financial Times". Tanja Langer machte sich einen Namen als Kritikerin.

In der Küche stapeln sich die Bücher. Doris Dörries „Was machen wir jetzt?", Katrin Askans „Aus dem Schneider", Marlene Streeruwitz' „Nachwelt". „Die Auseinandersetzung mit zeitgenössischer Literatur hat mir die Angst vorm Schreiben genommen", weiß Tanja Langer heute. „Es ist nicht die Literatur von Rilke oder Proust, sie ist aber trotzdem lesenswert und wichtig." Es gibt Gedanken und Erfahrungen, die es wert sind, aufgeschrieben zu werden.

Die Geschichte zu „Cap Esterel", ihrem ersten Roman, wuchs lange in ihrem Kopf. Es gab eine erste Idee, die sie nicht weiter auszuführen wusste: Sie war fasziniert von Naturlyrik, befasste sich mit dem literarischen Topos des Wassers. Als sie mit ihrer Freundin Urlaub in Frankreich machte, kam ihr eine Geschichte in den Sinn: Jemand hatte ihr von einem kleinen Jungen erzählt, der seine Eltern im Badeurlaub verlor. Mit ihrer Freundin befand sie sich an einem Ort, an dem sich das tragische Unglück hätte ereignet haben können. Sie fing noch in Frankreich an zu schreiben und hatte das Buch trotz Haushalt, Kinder und Rezensionen innerhalb eines Jahres fertig: „Plötzlich fügte sich alles wie von selbst", erinnert sie sich, noch immer verblüfft darüber, wie reibungslos Krea-

tivität funktionieren kann. „Das war wie ein Kurzschluss: Dinge, die weit auseinander lagen, gingen im Kopf automatisch eine Verbindung ein."

Wie „Fluchtpunkte" bildet „Cap Esterel" eine Collage aus Stimmen verschiedener Zeiten. Hélène, Michels Mutter, schreibt Anfang der Siebziger Jahre einer imaginären Freundin Briefe über ihre Sommerliebe, einen Eisverkäufer, der die verheiratete Mutter zweier Kinder in der Abwesenheit des Ehemannes glühen lässt.

Elisabeth, die feurige Elisabeth und Geliebte Michels, erzählt in der Gegenwart von ihrem Kennenlernen und Michels Schwierigkeiten mit der Liebe.

Michel selbst spricht nicht, von ihm wird erzählt. Er fährt an die Côte d'Azur, nach St. Raphael, weil er eine Beziehungskrise hat und allein sein möchte. Unbewusst hat er ein Reiseziel gewählt, das ihn mit mit dem tragischen Sommer im Jahr 1972 konfrontiert, einem Sommer, den er mit seinen Eltern und seinem Bruder in Südfrankreich verbracht hatte.

„Wieder lag er auf dem warmen Sand, auf dem Rücken, die Arme weit von sich gestreckt; in jeder Hand hielt er einen Stein. Die Sonne brannte schon etwas, aber ein leichter Lufthauch strich über seinen entspannten Körper. Die Stimmen der Menschen, die sich Bälle zuwarfen, ins Wasser liefen, das Glöckchen am Eiswagen, der immer wieder vorübergeschoben wurde, alles verlor sich im gleichmäßigen Geräusch des Wellenschlags. Das Meer, das er all die Jahre gemieden hatte, schmeichelte seinem Ohr. Er fühlte sich wohl, getragen und losgelöst zugleich. Ein Papierschiffchen im dunkelblauen Wasser. Eine leichte Erregung durchlief ihn, und in schneller Folge sah er in seinem Inneren Bilder kommen und gehen. Das alte Foto seiner Mutter, das er immer bei sich trug, aber nie ansah, schwebte vorüber, es flatterte, als spielte es mit ihm. Er sah die feinen weichen Züge eines nicht mehr ganz jungen, lachenden Frauengesichts, in das helle Haarsträhnen wehten. Es zeigte sich und verschwand, als hätte jemand die Aufnahme mit einer Videokamera abgefahren, dabei rasch wechselnd von einzelnen Details, den langen Wimpern, einer Augenbraue, über die Wange hin zur gesamten Erscheinung, aus immer neuen Perspektiven, aus immer anderer Entfernung. Das Bild geriet in Bewegung, seine Mutter sah ihn an, sie sagte etwas, sie wandte sich ab, schüttelte den Kopf, sie lief auf ihn zu und wieder fort. Plötzlich kippte alles, und er sah Elisabeth." (Aus: Cap Esterel)

Der Zusammenhang zwischen Erinnerung und Sinnlichkeit, zwischen innerer Wahrnehmung und äußerer Erscheinung ist ein Thema in Tanja Langers Debüt. Schon Marcel Proust schrieb in der „Suche nach der verlorenen Zeit": „Eine Stunde ist nicht nur eine Stunde; sie ist ein mit Düften, mit Tönen, mit Plänen und Klimaten angefülltes Gefäß. Was wir die Wirklichkeit nennen, ist eine bestimmte Beziehung zwischen Empfindungen und Erinnerungen, die uns gleichzeitig umgeben." Darum geschieht es, dass etwa der Geruch einer Erdbeere an längst vergangene Kindheitssommer denken lässt oder der Klang eines Liedes an den ersten Kuss. Bei Tanja Langers Protagonist Michel ist es die Umgebung, das Haus, in dem er in jenem tragischen Sommer mit seiner Mutter und seinem Bruder die Ferien verbracht hatte, es sind das Meer und der Sand, die er fühlt und die ihn Bilder sehen lassen, die er in sich verschlossen hatte. Seine Sinne öffnen die Erinnerungen. Dabei ist das Meer kein willkürlich-sinnlicher Bestandteil einer Urlaubslandschaft, sondern eine mehrdeutige Metapher. Wasser steht bildlich für Fließen – Erinnerungen kommen in Fluss, es gerät etwas in Bewegung, etwas, das Michel abverlangt, sich etwas anzusehen, das er lange geweigert hat, sich anzusehen. Welche Konsequenzen er daraus für sich und sein Liebesleben zieht, bleibt offen.

Überdies und letztendlich steht Wasser in der Geschichte für drohenden Verlust. Der Leser ahnt das Unglück nur durch Andeutungen, wie im Kriminalplot zieht die Geschichte ihn in einen Sog, bis unvermittelt und unspektakulär die den Atem raubende Auflösung kommt. Trotz des drohenden Unheils, das der Leser in der Erzählung spürt, durchzieht den Roman eine flirrende Leichtigkeit und virtuose Erzählkraft. „Leicht und traurig – das bin ich, das habe ich in mir", sagt Tanja Langer und ihre Stimme klingt ein wenig zart, im nächsten Augenblick wieder entschlossen. „Man muss den Leser in eine Geschichte hereinziehen, muss ihm aber auch Luft geben. Er darf nicht erschlagen werden oder im Modder versinken."

An ihrem 36. Geburtstag hatte sie das Manuskript zu „Cap Esterel" fertig und las es Freunden vor. Einer davon kannte den Lektor von Volk und Welt und schickte ihm den Text. Der Lektor meldete sich nach wenigen Tagen: Wir überlegen noch, ob wir das Buch im Frühjahr 1999 oder erst im Herbst herausbringen. Tanja Langer, die an einer Halsentzündung litt, blieb buchstäblich die Stimme weg: Ja, aber es muss doch noch überarbeitet werden... Im Frühjahr war das Buch draußen, als Spitzentitel des Verlages. Sie erhielt anerkennende, zusprechende, lobende Rezensionen, ihr Name sickerte schnell in Literaturkreise, sie geriet in die „Fräuleinwunder"-Turbulenzen. „Volker Hage hat durch seinen Artikel über das literarische Fräuleinwunder sehr viel Schelte bezogen, aber ich bin ihm dankbar. Das hatte einen Schneeballeffekt."

Bei aller Freude über die Anerkennung empfand sie es als verrückt, dass sich ihr lang gehegter Wunsch erfüllte: „Ich habe immer davon geträumt, zu schreiben. Lange habe ich mir nicht vorstellen können, dass mein Schreiben angenommen wird – als das plötzlich so war, war das fast ein Schock." Sie bekam Angst vor so viel Glück. Das Unglück folgte auf dem Fuße: Das Buch war kaum heraus, als ihr Vater starb. „Das war wie ein Obolus an die Götter", sagt Tanja Langer, die sich als „magischen Menschen" sieht. „Aus dem Realen und Realistischen heraus muss man das natürlich anders sehen. Aber es gibt ja in vielen schreibenden Menschen so einen magischen Kinderglauben, dass vieles miteinander in Zusammenhängen steht." Drei Monate lang konnte sich Tanja

Langer nicht konzentrieren, konnte nicht lesen, erst recht nicht schreiben. Zwei Extreme – die Buchpublikation und der Tod des Vaters – waren aufeinander geprallt und schnürten ihr die Gedanken ab. Erst nach und nach gelang es ihr, einen neuen Einstieg zu finden.

Sie ist eine fleißige Schreiberin, setzt sich notfalls auch abends, wenn die Kinder im Bett sind, wieder an den Schreibtisch. „Ich denke, ich muss das tun, wenn ich etwas erreichen will. Ohne Lesen, ohne Schreiben bin ich nur halb." Was sie am Schreiben fasziniert, kann sie eigentlich nicht genau erklären: „Es gibt beim Schreiben vieles, was man nicht erklären kann." Es ist vielleicht das Gefühl, abzutauchen aus der einen, äußeren Welt und einzutauchen in eine innere Welt, vermutet sie. Dadurch sei es ihr möglich, zu sich selbst in Kontakt zu treten. „Das ist ein Zustand höchster Konzentration, ein Zustand, als würde ich ausgeklinkt sein und etwas in mir loslassen. Ich lasse es dann laufen. Das ist sehr befreiend und auch bestürzend. Manchmal habe ich Tränen in den Augen." Manchmal hat sie Glücksgefühle. Manchmal Angst, etwas von sich selbst preiszugeben. Sie sagt, dass es nicht umsonst so lange gedauert habe, bis es ihr gelang, ihre „innere eigene Welt" schreibend nach außen zu tragen. Die Arbeit am Theater und die Rezensionen seien erste Schritte gewesen. „Man sagte mir einmal: So lange du nichts veröffentlichst, kannst du immer glauben, dass das der Roman des Jahrhunderts sein wird. Du verweigerst Konkurrenz. Dass dein Text bewertet wird. Das hat mich damals sehr beschäftigt." Nach der Veröffentlichung von „Cap Esterel" hatte sie das Gefühl, eine Schutzzone zu verlassen: „Jeder kann etwas zu dem Geschriebenen sagen, jeder projiziert etwas darauf. Das muss man erst hinnehmen lernen. Nach außen hin wirke ich sicher und lustig, innerlich denke ich: Worauf hast du dich da nur eingelassen? Ein Stück Unschuld und Freiraum ist weg – den muss man erst wiederfinden."

Inzwischen arbeitet sie am nächsten Roman. Ein Text, in dem sie einmal mehr den Einfluss von Vergangenheit auf die Gegenwart untersucht. Die Ich-Erzählerin, eine junge Frau und Mutter, spricht von ihrem Alltag und ihren Erlebnissen und setzt sich mit einem Mann der Vergangenheit auseinander: der Mann heißt Dietrich Eckart und war in der Zeit des Ersten Weltkrieges ein Freund Hitlers. Eckart, Publizist und Theaterautor, entwickelte den Führerkult um Hitler mit und kaufte seinerzeit den „Münchener Beobachter", aus dem er das Nazi-Parteiorgan, den „Völkischen Beobachter", machte. Er starb 1923. Oft wird sie gefragt, wieso sie sich mit einer solchen Figur beschäftigt. Nach der Auseinandersetzung mit der Seite der Opfer – etwa durch ihr Theaterstück über Selma Meerbaum-Eisinger – habe sie sich jetzt mit der anderen Seite der Vergangenheit befassen wollen, erklärt sie: „Politisch-historisch gesehen gehören wir ja zur anderen Seite. Ich meine nicht, dass unsere Generation für die Verbrechen der Nazis verantwortlich zu machen wäre – das ist obsolet. Aber wir haben den zeitlichen Abstand, im Hinblick auf die Verantwortung gegenüber der Gegenwart darüber nachzudenken, wieso jemand ein für uns so abstoßendes Gedankengut entwickeln kann?" Andererseits findet sie Dietrich Eckart von der psychologischen Seite her faszinierend. „Warum kann uns jemand, der so voller Verachtung steckt, anziehen? Das herauszufinden ist eine spannende Konfiguration. Warum zum Beispiel kann ich auf einen Typen hereinfallen, der sehr charmant ist, bei dem ich aber nach und nach merke, wie zynisch er sich verhält. Ich weiß, dass viele Leute dieses Gefühl kennen und ich weiß, dass sehr viele Frauen solche Abhängigkeitsverhältnisse zu Männern haben." Ihr geht es darum, aufzuspüren, inwiefern mangelnde Selbstachtung, ein mangelndes Selbstwertgefühl mit dem Verachten anderer zusammenhängt. Die Geschichte des Romans wird in zwei Teilen erzählt, aus der Perspektive Eckarts und aus der Perspektive der Erzählerin, die sich mit der Erziehung ihrer Kinder auseinandersetzt und die sich durch die Konfrontation mit dem Präfaschisten die Frage stellt: Was ist mir wichtig?

Um die Welt der Helden zu erfassen, recherchiert sie dessen Stücke und Artikel, die Theatergeschichte des Kaiserreiches, den Umbruch nach dem Ersten Weltkrieg. Sie eröffnet einen Spielraum, der erlaubt, über die niemals objektive Wahrnehmung historischer Figuren und Prozesse nachzudenken. „Das Kuriose am Schreiben ist, dass man die umgebende Welt oft im Hinblick auf den Roman sieht und manches in die fiktive Handlung integriert. Das ist tatsächlich eine verrückte Sache – man ver-rückt etwas."

Die Schilderung innerer Monologe, innerer Wahrnehmungswelten ist eine Erzähltechnik, die sie in ihren Texten favorisiert – so bei den „Fluchtpunkten", bei „Cap Esterel", beim neuen Roman oder der skurrilen Erzählung „Bitte streicheln Sie hier", in der ein Bibliotheksangestellter erotisch gepackt monologisiert, assoziativ wirbelnde, sich zuspitzende Gedanken und Gefühle hegt beim Anblick einer schönen Leserin. „Ich mag Erzählungen, in denen es einfach nur Stimmen gibt. Ich finde es großartig, dass Virginia Woolf ein Buch wie die „Wellen" schreiben konnte, in dem es keine durchgezogene Handlung gibt, sondern nur innere Entwicklungswelten", schwärmt die Schriftstellerin. „Mich haben immer Bücher fasziniert, die in metaphorischer Form den kreativen Prozess selbst reflektiert haben." Als Autoren nachhaltig beeindruckt haben sie Virginia Woolf, Nathalie Sarraute, Ernest Hemingway, Joseph Roth und Anton

Tschechow. Der erste, früh prägende Autor war für sie Horaz. Daneben las die Gymnasialschülerin beim Frühstück die Erzählungen von Thomas Mann und kam zu spät zur Schule. Ihre erste Dichterlesung erlebte sie mit Christa Wolf. In ihren Zwanzigern fraß sie an Erich Kästner, Irmgard Keun und Kurt Tucholsky einen Narren: „An ihnen mochte ich den einfachen und vom Sprachwitz geprägten Ausdruck." Die drei Autoren waren im Leben keine allzu glücklichen Menschen. Manchmal packt auch Tanja Langer die Komik der Verzweiflung, die sich dann in Texten wie „Bitte streicheln Sie hier" niederschlägt: „Die Geschichte habe ich in einer Woche geschrieben. Da hatte ich einen Monat kranke Kinder zu Hause und war selbst schon in einem ganz abgehobenen Zustand", sagt sie und lacht. Mit Ironie versucht sie eigene Empfindsamkeiten nicht mehr so ernst zu nehmen und treibt sie in surreale Konkretionen.

Spielerisch leicht, wie ein Teil von ihr selbst, ist das Buch, für das sie zum Zeitpunkt des Interviews gerade die letzten Sätze geschrieben hat: das noch nicht veröffentlichte Kinderbuch „Carla Düppenstiel und die verlorene Geschichte vom kleinen Seeräuber Luck de Puck". Das hat sie „zur Entspannung" geschrieben, für ihre Töchter.

Wenn die Mädchen morgens im Kindergarten sind, versucht sich Tanja Langer ab zehn Uhr an den Schreibtisch zu setzen. Meist ist sie sehr produktiv: „Mein Effizienzquotient hat sich seit der Kinder um 200 Prozent gesteigert. Manchmal kann ich mich aber auch gar nicht konzentrieren, wie heute morgen. Da bin ich dann sehr ungnädig mit mir selbst."

Sie verfügt über eine enorme Energie. Doch der Alltag zwischen Schreiben und Kindern ist anstrengend. „Es fällt mir immer schwerer, von dem einen auf das andere umzuschalten. Wenn ich nicht diese Besessenheit hätte, würde ich gar nicht schreiben können. Mit Routine schreiben geht nicht, gar nicht schreiben auch nicht. Man könnte das Leidenschaft nennen. Ich würde sagen: Ich bleibe hart dran."

In der Literatur wird der Alltag einer Frau mit Kindern gemeinhin wenig thematisiert: „Das ist ein Manko und ein Tabu." Tanja Langer, die in ihrem neuen Buch einer Mutter Stimme gibt, hat schon in „Cap Esterel" über eine Mutter geschrieben: Die Frau, die sich leidenschaftlich in den Eisverkäufer verliebt, wäscht Hemdchen und kocht Pfirsichkompott. Fürsorglich kümmert sie sich um ihre beiden kleinen Söhne. „Man wird in unserer Gesellschaft auf alles vorbereitet, nur nicht darauf, Mutter zu sein. Eine der wenigen Autoren, die die ganz normale Familie ins Auge fassen, ist zum Beispiel Anne Tyler, eine amerikanische Schriftstellerin der Gegenwartsliteratur." Tanja Langer findet, dass die

Familie in der heutigen Gesellschaft in einem schiefen Licht steht. „Wenn es in der Politik um das Engagement für die Familie geht, fällt sofort die Klappe: Konservativ. Das ist die Kinderfeindlichkeit unserer Gesellschaft: Dass man als studierte Frau Minderwertigkeitsgefühle kriegt, wenn man Mutter ist. Dabei ist das eine der verantwortungsvollsten Sachen, die man überhaupt tun kann im Leben. Meine Kinder sind für mich immer wichtiger als die Literatur."

Manchmal bringen die Töchter sie genauso wie das Schreiben dazu, ganz abzutauchen: „Wenn ich mich unabgelenkt auf die Welt der Kinder einlassen kann, ist das wie ein Urlaub – weil alles, was voll und intensiv erlebt wird, gut ist."

Grit Poppe

„Schreiben hat immer mit einem selbst zu tun"

Grit Poppe täuscht. Ihre leise Stimme täuscht, das unauffällig gemusterte Sweatshirt, der beige Teppich in ihrer Wohnung, die karierte Decke mit Kirschendessin, der Zuckerguss-Mohnkuchen, den sie mit zurückhaltendem Lächeln auf den Tisch stellt. Hinter dem Lächeln funkelt es, kauern Witz und Messer wetzende Ironie, die einsatzbereit aufspringen, sobald Grit Poppe ihren Computer einschaltet und zu schreiben beginnt – einen Roman etwa, ihren ersten, der „Andere Umstände" heißt und eine Frau zur Heldin hat, die nonchalant die Männer um die Ecke bringt, die ihre Liebe verschmähen oder ihren Kinderwunsch oder beides. Eines der anvisierten Opfer mischt beim Neuen Forum mit, daher gerät auch Mila Rosin, so der Name der skurrilen Protagonistin, in den Sog begeisterter Demonstranten, die 1989 die Wende möglich machten. Grit Poppe hatte als „Bürgerbewegte" selbst gegen das SED-Regime protestiert und als Geschäftsführerin von „Demokratie jetzt" gearbeitet. Zu Witz und Messer wetzender Ironie gesellen sich Unrechtsbewusstsein und politisches Wirken.

Grit Poppe mag Abenteuerliches und sie mag Geschichten. Eigentlich seit jeher. Mit acht Jahren fing sie zu schreiben an, weil die Literatur selbst sie dazu animierte. „Damals hatte ich meine ersten dicken Bücher gelesen, Indianerbücher", sagt sie. Liselotte Welskopf-Henrich hatte über Jahre in Amerika das aufregende Leben der Indianer erforscht und darüber Bücher für Kinder und Erwachsene geschrieben, die noch heute als Dauerseller lieferbar sind. Eine Karla May gab sie nicht ab: „Sie war stilistisch besser als Karl May. Ihre Geschichten hatten mehr Gehalt, waren wissenschaftlich fundierter und teilten sich nicht in Schwarz und Weiß, Gut und Böse, sondern waren ausgewogener." Grit Poppe las alle Bände von Liselotte Welskopf-Henrich, und wenn sie die Bücher ausgelesen hatte, fing sie wieder von vorne an. Die fesselnde Sprache, die detailgetreue Wiedergabe der Abenteuerwelten ließen das Mädchen ganz in sich versinken, in die Prärie, über die glänzende Pferde galoppierten, die Menschen auf sich trugen, deren schwarze Haare im Wind flatterten. Das Eingangsbild, mit dem die Romanserie ihren Lauf nimmt, trägt Grit Poppe noch immer im

Kopf: „Es fängt damit an, dass ein Indianerjunge in der Nacht sitzt und Spuren findet, die er nicht zuordnen kann." Fasziniert von dem Vorbild brachte sie ihre eigenen Phantasien zu Papier. Wenn es regnete. Wenn die Sonne schien, spielte sie Indianer. „Wir waren eine Indianerclique aus lauter Mädchen." Die schönsten Tage ihrer Kindheit verbrachte sie bei der Oma in Klütz, drei Kilometer ab von Boltenhagen an der Ostsee. In Boltenhagen ist sie geboren, sie war gerade ein Jahr alt, als die Eltern mit ihr nach Stahnsdorf bei Berlin zogen. Doch die acht Wochen Sommerferien gehörten dem Leben in der Ostsee-Kleinstadt, den Pferdekoppeln, dem Meer. Dem kleinen Kino im Ort, in dem sie Defa-Märchen zeigten, oft Indianerfilme. Kam sie aus dem Urlaub zurück nach Stahnsdorf, traf sie sich mit den Spielkameraden auf dem Friedhof, in einer verwilderten Ecke, die nur von einem morschen Bretterzaun abgeriegelt war. Kein Hindernis für mutige Mädchen.

Dass sie schreiben wollte, wusste sie schon mit zwölf: „Damals habe ich in der Berufsberatung immer angegeben, Schriftstellerin werden zu wollen." Kurz darauf trat Grit Poppe in den „Club der jüngsten Poeten" ein, einer Schreibwerkstatt für Kinder und Jugendliche, die ein Berliner Autor leitete, der Hörspiele schrieb. Er feilte mit den Kindern an den Texten und zeigte ihnen Beispiele aus der Weltliteratur: Guckt mal, wie die Großen das gemacht haben. Er gab den Kindern Anfänge für Geschichten, die sie selbst weiterspinnen sollten. Oder er las mit ihnen Reportagen von Egon Erwin Kisch, dem „rasenden Reporter": „Und bis zum nächsten Mal schreibt ihr selbst eine Reportage." Bis sie siebzehn war, blieb Grit Poppe in dem Club, „danach hatte man andere Dinge im Kopf – Freund und so."

Sagen wir, es gab eine kurze Unterbrechung. Mit neunzehn fing sie wieder an zu schreiben, doch mit dem Berufswunsch Schriftstellerin klappte es nicht sofort. Nach dem Schulabschluss hatte sie zwar mit Schreiben zu tun, aber noch nicht ganz so, wie sie es sich wünschte: Sie machte bei der Defa-Spielfilm eine Lehre als Facharbeiterin für Schreibtechnik – „auf gut Deutsch: Sekretärin". Ein Beruf, den sie möglichst schnell hinter sich bringen wollte, der ihr aber Schreibmaschinen- und Rechtschreibkenntnisse brachte, die sie nachher gut für die Schreiberei gebrauchen konnte. Nebenbei büffelte sie an der Abendschule für das Abitur und studierte Literatur in Leipzig, anfangs im Fernstudium, dann direkt. Lernte alles über Prosa, Dramatik und Lyrik, las Goethe und Schiller und Christa Wolf. Die Literatur eröffnete neue Welten, konfrontierte mit literarischen Hochzeiten, aber auch mit Epochen, die es besser nicht gegeben hätte. Stundenlang saß sie in der Bücherei, las Bücher, die sonst nicht gelesen

werden durften und informierte sich über die totgeschwiegenen Jahre der nationalsozialistischen Diktatur in Deutschland.

Leipzig bereitete der Studentin intellektuellen Anspruch und Vergnügen. Die Literatur inspirierte. Grit Poppe schrieb Kurzgeschichten über Kindheit und die Auswirkungen auf das Erwachsenenleben. Sie reflektierte die eigene Lebensgeschichte, geprägt von den Büchern Alice Millers. Alice Miller hat jahrzehntelang als Psychoanalytikerin gearbeitet und Kindheit systematisch erforscht, um die Folgen von Erziehung aufzuzeigen. Eines ihrer bekanntesten Bücher ist „Das Drama des begabten Kindes und die Suche nach dem wahren Selbst".

Grit Poppe arbeitete emsig an ihrer schriftstellerischen Zukunft. Zu Recht, sie war eine gute Schreiberin. „Ab und zu" nahm sie am „Poetenseminar" in Schwerin teil. Poetenseminare gab es in jedem Bezirk der DDR, talentierte Schreiberleute trafen dort zusammen und arbeiteten in Workshops mit Autoren und Lektoren. Das waren Zusammenkünfte, die bereicherten, bestärkten, motivierten. Die zwar keinen fertigen Schriftsteller aus der Asche steigen ließen, aber immerhin zu formen halfen. „Andererseits gab es da aber auch eine Überwachungsfunktion von Seiten des Staates – sprich: Spitzel – und es wurde geforscht, wie junge Leute so reden, denken, schreiben."

Als Grit Poppe ihr Studium abgeschlossen hatte, arbeitete sie frei, entwarf Szenarien für Studenten der Filmhochschule. „Wenn sich ein Student für

einen bestimmten Stoff interessierte, suchte er sich einen Autor, der ihm die Geschichte dazu schrieb." Keine sehr befriedigende Angelegenheit, wie Grit Poppe im Nachhinein weiß. Vieles sei umgeschrieben worden, vieles anders umgesetzt, als sie es sich vorgestellt hatte. Zumindest tröstete die Bezahlung.

Dann kam 1989 und „ich habe mich gleich entschlossen, da mitzumachen". Sie unterschrieb beim „Neuen Forum".

„'Neues Worum!' verstand ich. Dazu fiel mir nur ein: Worum geht's? ,Neues Worum! Neues Worum!' Leider stand mein Fernseher immer noch in dem Abrißhaus; ich hatte wirklich keine Ahnung, worum es ging. Schließlich erblickte ich auf einem der vielen Transparente die Worte NEUES FORUM – NEUE HOFFNUNG. *Also mit F, dachte ich verwundert. Die Leute begannen etwas anderes zu brüllen, etwas, was sich reimte und was ich sofort verstand: 'Demokratie – jetzt oder nie!' (Aus: Andere Umstände)*

Anders als Mila Rosin engagierte sich ihre Erfinderin Grit Poppe aus persönlicher Motivation. Sie hatte sich gerade der kleinen Umweltgruppe ihrer Freundin angeschlossen, als Rebellion und Umsturzgedanken die DDR durchzuckten. Eine Lawine aus Vereinzelten löste sich und riss das Volk mit. Bürgerbewegungen formierten sich, man rief zu Montagsdemonstrationen auf, zu Versammlungen in Kirchen. Die kleine Umweltgruppe entschied einhellig, sich einer der Bewegungen anzugliedern. Die Wahl fiel auf „Demokratie jetzt": „Die waren radikaler und hatten ein klareres Programm", begründet Grit Poppe die Entscheidung von damals. „Das 'Neue Forum' hatte einen sanfteren Weg eingeschlagen und wollte mit der SED zusammenarbeiten, 'Demokratie jetzt' wollte die SED sofort entmachten."

Dass der sozialistische Staat vor allem durch Überwachung, Bespitzelung und Freiheitsbeschneidung funktionierte, wusste Grit Poppe seit langem. Der Begriff „Staatssicherheit" verbindet sich bei ihr mit Bildern, die sie persönlich angingen und ihren Zorn hervorriefen. Wenn ihr Vater als literarisch Interessierter zu Lesungen politisch unbequeme Autoren einlud, die sonst in der DDR nicht oder nur selten lesen durften, „standen plötzlich irgendwelche Leute" vor der Tür und machten dem Abend ein Ende: „Jede Veranstaltung musste angemeldet und genehmigt werden, sonst galt sie als illegal." Gerd Poppe war in Berlin in der Opposition organisiert, in der Initiative Frieden und Menschenrechte. Gab es in seiner Wohnung gar politische Zusammenkünfte, standen plötzlich die Stasi und dazu die Polizei vor der Tür und schickten die Leute nach Hause. „Meistens gab es einen Hintereingang oder eine kurzfristige neue Verabredung", erinnert sich Grit Poppe. Nur ihr als Tochter war es erlaubt, die Wohnung ihres Vaters zu betreten.

Grit Poppes Eltern hatten sich scheiden lassen, als sie in die Schule gekommen war. Zusammen mit dem kleinen Bruder wuchs das Mädchen bei der Mutter auf, hatte aber trotzdem immer einen guten Kontakt zum Vater. Der Vater heiratete ein zweites Mal. Ulrike Poppe machte bei der Gruppe „Frauen für den Frieden" mit, in der auch die bekannte Bürgerrechtlerin Bärbel Bohley aktiv war. Eine Engländerin besuchte die Gruppe und informierte sich über die Lebensbedingungen der Frauen in der DDR. Die Frauen übergaben ihr ein Papier mit einer frauenpolitischen Analyse. Als die Engländerin bei der Rückkehr an der Grenze stand, wurde sie gefilzt, man entdeckte das Papier. Die Frauen landeten im Untersuchungsgefängnis wegen der „Übermittlung von nicht geheimen Nachrichten", erinnert sich Grit Poppe. „Nicht geheime Nachrichten – also dafür konnte man auch schon in den Knast kommen". Wochenlang bangten sie und ihr Vater: Wird sie freikommen? Wird sie in den Westen abgeschoben? Was wird werden? Angstvolle Fragen, die ohne Antwort blieben, Zeichen hinterließen, die ins Leere gingen. Um etwas zu tun, kümmerte sich Grit Poppe bisweilen um die beiden Kinder, die der Vater mit seiner zweiten Frau hat. Gerade sie litten stark unter dem Druck, der durch den Gefängnisaufenthalt der Mutter auf der Familie lastete. Dann kam die Freilassung. „Die Frauen waren damals schon so bekannt, dass Grüne aus dem Westen und Schriftstellerinnen aus dem Osten gegen die Inhaftierung protestiert haben." Obwohl alle aufatmeten, war Grit Poppe beklommen zu Mute. Die Verhaftung stach grell in die Augen, erzeugte unschöne Flecken, die nicht weichen wollten und ihr begreiflich machten, „wie gefährlich das System ist. Vorher habe ich das alles eher als abenteuerlich empfunden und nicht so sehr als bedrohlich", sagt sie. „Nun war mir klar: Die können eigentlich mit uns machen, was sie wollen." Für sie ergab sich daraus die Konsequenz, an die Wurzel zu gehen – „und die Wurzel war die SED, die Partei, die alles bestimmt hat".

Also Bürgerbewegung, also „Demokratie jetzt". Sie waren zehn Leute in Potsdam, wo sie noch heute wohnt, und organisierten Demos, druckten Flugblätter und Zeitungen, initiierten Runde Tische, besetzten den Rat der Volkskontrolle, lösten die Stasi auf. Die oppositionellen Gruppen waren in der DDR kein Geheimnis mehr – „es sind einfach immer mehr geworden". Die DDR-Führungsspitzen verloren ihre Macht. Dann kam die Wende. Wie sie die empfand? „Ach, die erste Zeit war schon okay." Irgendwann war für sie nichts mehr okay, irgendwann, als die Mauer fiel, die Leute ihre Koffer packten, Westgeld wollten, den großen Einkauf im Schlaraffenland. Die politische Stimmung kippte – spürbar spätestens dann, als vermehrt Kugelschreiber mit CDU-Aufdruck kursierten. Grit Poppe avancierte zur Geschäftsführerin von „Demokratie jetzt" im Land Brandenburg. Die Bürgerbewegungen mündeten im „Bündnis 90". Künftig machte Grit Poppe also auch Wahlkampfarbeit – und hatte nicht unbedingt Spaß daran. „Man denkt, man ist eine solidarische Gemeinschaft, und wenn es dann um Listenplätze geht, fallen alle übereinander her." Als das Bündnis 90 sich mit den Grünen zusammentat, hatte sich für Grit Poppe „die Sache erledigt": „Die Grünen sind nicht anders als die anderen Parteien. Die leben nicht nach ihren beliebten Politikinhalten." Sie hätte sich gewünscht, dass die Bürgerbewegungen mehr Zeit für sich bekommen hätten, dass es weiter Runde Tische gegeben hätte und dass der ehemaligen DDR nicht einfach das bundesrepublikanische Modell übergestülpt worden wäre. 1991 endete ihre Mitarbeit bei „Demokratie jetzt" – und im Dezember brachte sie Sohn Niklas zur Welt, 1995 Tochter Marie. Die Kinder lenkten sie ab von der politischen Enttäuschung – und sie fing wieder an zu schreiben. Schon 1990 hatte sie im Mitteldeutschen Verlag ein Heft mit vier Kurzgeschichten herausgegeben: „Der Fluch". In der Titelerzählung geht es um den Vampir Leo Frontschak, der darunter leidet, dass er kein Spiegelbild, kein Selbst, besitzt. Das hatte er verloren, als sein prügelnder Vater ihn zwang, im Stehen zu pinkeln. In einer zweiten Vampirgeschichte wird eine orientierungslose junge Frau

zum willigen Opfer. Die spitzzahnigen Blutsauger haben es Grit Poppe angetan.

Nach Erscheinen des „Fluchs" stellte die Autorin ein weiteres Buchmanuskript zusammen, das sie an Verlage schickte – Erfolg gleich Null. „Es hieß: Erzählbände verkaufen sich nicht so gut, erst recht nicht von unbekannten Autoren. Nur fangen die meisten Autoren mit Erzählungen an." Man riet ihr, sich zu melden, sobald sie einen Roman vorweisen könne. Grummelnd dachte die Verschmähte: Nun gut, dann schreibe ich einen Roman. Den Wunsch nach einem eigenen Buch wollte sie nicht aufgeben, denn der war aus einem Selbstbewusstsein als Schreiberin entstanden: „Ich wusste, dass meine Geschichten gut waren und es literarisch nichts an ihnen auszusetzen gab. Darum habe ich mich sehr über die Absagen geärgert." Geschickt disponierte sie um, nahm zwei, drei Geschichten aus ihrem unveröffentlichten Erzählband und flocht sie in einen neuen Handlungsstrang. Eine der Erzählungen bildet den Anfang von „Andere Umstände": Eine Dreizehnjährige verliebt sich in ihren Lehrer, phantasiert sich als Mutter seines Kindes und ersticht den Guten en passant, als er sie bittet, ihm nicht ständig hinterherzulaufen. Eine Aussprache zwischen Pädagoge und Schützling wäre zu vernünftig und langweilig gewesen, die Autorin wollte eine „hartnäckige Figur" – eine gewitzte Mörderin. Grit Poppe selbst hat sich nie in einen Lehrer verliebt, allenfalls für einen geschwärmt. Vielmehr erinnert sie sich an eine Sportlehrerin, die aufgrund einer verhinderten Ballettkarriere missmutigen Unterricht gab und ihre Schülerinnen und Schüler demütigte. Grit Poppe verabscheut Autoritäten.

Die Erzählung von der dreizehnjährigen Mörderin hat Grit Poppe auf Lesungen vorgestellt, die vom „Sacrower Kreis" und dem „Brandenburgischen Literaturbüro" ausgingen. Der „Sacrower Kreis" umfasste eine Gruppe Brandenburger Autoren, die mit dem „Literaturkollegium Brandenburg" bzw. den alten SED-Genossen dieses Vereins nichts anfangen konnten und wollten, und deshalb nach einer Alternative gesucht haben. Inzwischen ist der „Sacrower Kreis" „leider eingeschlafen". Kontakt hat Grit Poppe heute hauptsächlich zum „Brandenburgischen Literaturbüro", das viele Veranstaltungen und Lesungen organisiert, „die sich mit der Vergangenheit und den beiden Diktaturen – also NS-Zeit, Stalinismus, 'Schattenzeiten' in der DDR – beschäftigen". Oft fragten die Zuhörerinnen und Zuhörer die Autorin nach einer Fortsetzung der heiteren Mordgeschichte, und so zündete die Idee, „etwas Längeres daraus zu machen". „Andere Umstände" vermengt Kriminalliteratur mit Zeitgeschichte, Abenteuer und Liebe. Das Buch ist weder das eine noch das andere, aber in jedem Fall durch und durch amüsant. Immer sirrt ein spottlustig-sarkastischer Unterton mit, wenn die Autorin von Mila erzählt, Mila, die nicht mit der Faust auf den Tisch haut, nicht unrechtsbewusst ist oder kaltblütig oder gerissen, sondern einfach Menschen aus dem Weg schafft. Der Name Mila kommt aus dem Slawischen und bedeutet „Lieb". Sie sucht einen „tauglichen Samenspender" und ein bisschen Zuneigung und Achtung von männlicher Seite. Doch die Männer erweisen sich als unsensible Raubeine, das lässt sich Mila nicht gefallen. Weibliche Opfer gibt es zu viele, sie schlägt zurück – leichtherziger als andere Frauen es je könnten. Als erstes muss der Englischlehrer Herr Kraus dran glauben, dann rammt sie dem Psychologiedozenten Leopold ein Messer zwischen die Rippen, anschließend serviert sie dem Schulfreund von einst, Fred genannt Feuerstein, vergiftete Forellen, die allerdings nicht tödlich wirken. Viktor, den unfreiwilligen und um so zornigeren Vater ihrer Tochter Alice, lässt sie volltrunken ins Auto steigen – der türkisfarbene Hyundai prallt mit überhöhter Geschwindigkeit gegen einen Tanklaster und geht in Flammen auf. In Deutschland fühlt sich die ungehemmt Mordende nicht mehr sicher, es gibt Leute, die Verdacht schöpfen, Freds Mutter etwa. Schleunigst seilt sich Mila ab nach San Francisco – San Francisco, Tor zur Welt, Metapher der Freiheit, Geburtsort des Abenteuerschriftstellers Jack London, den Mila Rosin genauso liebt wie ihre Schöpferin Grit Poppe. Mila lernt John kennen, der nimmt seine neue Reisebekanntschaft nicht ernst und betreibt Geheimniskrämerei.

„Ich habe John mit dieser Frau gesehen, dieser Verrückten, die Medizin schluckt und Alkohol, die ihren Sohn sucht. Sie ist mir auf den Fersen. Zu dicht. Ich höre sie. Höre ein Wispern, ein Hüsteln, ein triumphierendes Kichern. Irgendwo ist eine Falle, in die ich hineintappen soll. Irgendwo in San Francisco. Irgendwo in Irgendwo.

Ich rupfe grellgrüne Blätter von einem Zweig, hüpfe im Takt des holprig klopfenden Herzens eines ungeborenen Kindes, und Alice jauchzt glücklich. Nutze die

Energie deiner Wut. Wir lachen, jubeln, schreien den Himmel an. Die Ecke eines Zahns blinkt im Mund meiner Tochter wie ein kleiner schneebedeckter Berg. Die Autofahrer werfen uns ungläubige Blicke zu. Sie fahren langsam an uns vorbei. Einer lächelt und winkt und hält.
Aus meinem Rucksack tropft es. Das Wasser läuft nur langsam aus dem Fön. John wird noch in der Wanne liegen. Sein Körper wird jetzt bitterkalt sein und weiß wie Schafskäse.
'Cheese', flüstere ich, und der fremde Mann lächelt und winkt uns auf die Rückbank seines Wagens." (Aus: Andere Umstände)

Hat Grit Poppe in den „Anderen Umständen" ihre böse Seite ausgelebt? „Man schafft Figuren, die bestimmte Möglichkeiten ausführen, die man selber so nicht ausführen würde", sagt sie und lächelt viel sagend: „Natürlich hat es ja immer mit einem selbst zu tun." Wie die augenzwinkernde Auseinandersetzung mit der Zeit um die Wende. Aus der Distanz kann Grit Poppe nicht anders, als der Ernsthaftigkeit des Themas ein bisschen Komik abzugewinnen. Sie war selbst dabei und weiß, wie schnell Euphorie in Übermut und Rausch umschlagen kann und den Blick verschiebt von der Sache auf die Euphorischen selbst.

„Die Leute gerieten immer mehr in Ekstase. Sie schrien, klatschten, schrien, klatschten. Sie waren begeistert. Begeistert von sich selbst. Ich war auch begeistert von mir selbst. Ich schrie so laut ich konnte. Ich klatschte wie noch nie in meinem Leben. In meiner Kehle kratzte es, und meine Hände brannten." (Aus: Andere Umstände)

„Sanfter Schrecken und Satire in einem – so kauzig komisch wurde selten in die empfindsame Ost-Seele geblickt", frohlockte der „Spiegel", als das Buch 1998 auf den Markt kam. Es folgte reihenweise Lob und auch wenn der Verkauf nicht mit dem Medienerfolg Schritt hielt, konnte Grit Poppe die vorherigen Verlagsabsagen als unschöne Erfahrung abhaken.

Zwei Jahre lang hat sie an dem Roman gearbeitet, zuzüglich ein Jahr an den Kurzgeschichten, die darin eingeflossen sind. Sie erinnert die Zeit des Schreibens als ausgesprochen unbeschwert, die Ungewissheit, die ihr Romanprojekt damals noch mit sich brachte, empfand sie nicht. Entschlossen und zuversichtlich saß sie am Schreibtisch, vor allem abends, wenn beide Kinder im Bett waren. „Ich war einfach gut drauf damals", sagt sie. „Ich habe schon überlegt, warum das so war. Vielleicht hing es mit dem Stillen zusammen – man sagt ja, dass man da was ausschütten soll."

1997 lebte sie als Stipendiatin im Künstlerhaus Wiepersdorf, ihre Kinder hatte sie mitnehmen können, weil es einen Kindergarten gab. Stipendien ziehen zumeist wertvolle Kontakte nach sich. So auch hier. Ein Mitstipendiat zeigte sich sehr angetan von Grit Poppes Romanmanuskript und vermittelte sie an den Berlin Verlag, wenige Monate später war das Werk gedruckt und seine Autorin von einem „besonderen Glücksgefühl“ erfüllt: „Das war schon schön, das eigene Buch in der Hand zu halten.“ Übrigens: Auf dem kleinen runden Bild auf der Rückseite des Buchumschlages ist ein strubbeliger Jack London zu sehen – nicht Grit Poppe. „Es kam schon vor, dass die Leute mich vor Lesungen gesucht haben und sich an diesem Bild orientierten.“

Inzwischen gibt es ein zweites Buch von ihr, ein abenteuerliches Kinderbuch: „Alabusch oder das Herz des Vulkans“. Sie hatte damit angefangen, als der ältere Spross in den Kindergarten kam und das zweite Kind unterwegs war.

Alabusch ist – wie sollte es anders sein – ein Vampir, der einmal ein kleiner Junge war und gemeinsam mit seiner Schwester Mira eine atemberaubende Reise ins Unbekannte antritt. Ganz Translingen ist von der blauen Krankheit befallen, Alabusch und Mira machen sich auf den Weg ins Blaue Land, in das Reich der bösen Serafisa, die wie einst die SED im Arbeiter-und-Bauern-Staat Menschen einsperrt, sie sich unterwürfig macht und ihnen die Erinnerungen nimmt. Wie in den „Anderen Umständen“ stehen bei „Alabusch“ starke weibliche Helden mit im Vordergrund, auch wenn der Titel nur den männlichen Protagonisten ins Visier nimmt. In der Mehrzahl der Kinderbücher haben nur Jungen Kraft und Mut, die Mädchen verkümmern als ängstliche Hascherl oder büßen als zickige Gören Sympathien ein. Grit Poppes Mira hingegen ist ein couragiertes Mädchen. Auch Sohn Niklas gefiel sie. Ihm hatte die schreibende Mutter regelmäßig aus dem werdenden Buch vorgelesen. Wenn er’s gut fand, fabulierte sie weiter von Vampiren, die Mücken zum Blutsammeln anstellen, von hilfsbereiten Gnomen und zarten Feen. Das Buch besticht durch seine schillernden Phantasiegestalten und die intensiven Sprachbilder einer Erzählkünstlerin.

Auf der Frankfurter Buchmesse sah sich die Autorin nach einem geeigneten Editor für ihr Manuskript um – und fand ihn im Altberliner Verlag – „den kannte ich noch aus Ostzeiten, er galt damals als Alternativverlag“. „Alabusch“ kam als liebevoll aufgemachtes Werk heraus, in dem die Farbe Blau dominiert: Blauer Umschlag, blaues Innenleben, blaue Illustrationen.

Mit den ersten Büchern hat Grit Poppe ihre schriftstellerische Linie selbst vorgegeben. Die schreiblustige Frau und Mutter möchte beides machen: Literatur für Erwachsene und für Kinder. Derzeit schreibt sie wieder an einem Buch für Große. Die Lebensgeschichten dreier Frauen werden erzählt. „In der

Gegend, in der die Frauen leben, passieren merkwürdige Dinge. Die Männer verhalten sich plötzlich aggressiv, die Politik streicht Gelder, Frauenhäuser müssen schließen." Geplanter Titel des Buches: Der Aufstand der Frauen. Das passt zu den Umständen. Wobei Grit Poppe lieber verhalten von Zukünftigem erzählt: „Man weiß ja nie, ob es was wird und ob es das wird, was man sich vorstellt."

Bei zwei Kindern muss die Zeit am Schreibtisch effektiv geplant werden. Etwa ab zehn Uhr morgens sitzt sie in ihrem Büro, bis drei Uhr nachmittags, dann kommen die Kinder aus Schule und Kindergarten und Mama spaziert mit ihnen zum Spielplatz oder in den nahe gelegenen Park Sanssouci. Neben den Büchern schreibt Grit Poppe auf Anfrage Erzählungen für Anthologien oder journalistisch, Rezensionen und Feuilletons für Zeitungen und Zeitschriften. Medien sind oft sehr interessiert an Schriftstellern – da weiß man, dass die schreiben können und als zusätzlichen Leseanreiz einen bekannten Namen mitbringen. Grit Poppe sieht sich selbst weniger als Schriftstellerin denn als Autorin. „Eine Schrifstellerin ist gestanden. Das Werk steht nicht mehr außer Frage. Eine Autorin dagegen ist eine, die schreibt." Angenehm überrascht ist sie, dass zunehmend Frauen den Literaturmarkt erobern und zwar mit literarischem Geist, der einen so „blöden Begriff" wie das „Fräuleinwunder" („Da denkt man ja an halbwüchsige Kinder") nicht nötig hat. „Der 'Regenroman' von Karen Duve zum Beispiel ist ein richtig gutes Buch. Es hätte mich nicht gewundert, wenn das eine bekannte Amerikanerin geschrieben hätte." Eine wie Joyce Carol Oates etwa oder die Kanadierin Margaret Atwood, „die mit ungeheurer Power schreiben und viel Lebenserfahrung. Die einfach gute Stories konstruieren." Das ist auch ihr Anspruch: Gute Geschichten zu erzählen. Das hat sie gelernt. „Im Osten war es nicht so verpönt, einfach eine gute Geschichte zu schreiben. Das war immer das Kriterium in den Literaturwerkstätten. Im Westen galt man als Erzähler, auch wenn man keine Geschichte hatte. Das ändert sich jetzt." Zum Beispiel durch die Geschichten, die Frauen heute erzählen. Die keine Anpassungsgeschichten sind und gleich zur Sache kommen: „Männer schreiben oft langatmiger, da muss man sich erst mit der Geschichte anfreunden. Bei Frauen habe ich gleich das Gefühl, dass eine Nähe existiert." Wobei der englische Autor Nick Hornby mit seinen leichtfüßig humorigen Büchern wie „About a boy" oder der Ire Frank McCourt mit „Asche meiner Mutter", den verfilmten Roman über eine Kindheit in Irland, auch ihr Herz erweichen. Große Namen sind nicht dazu da, eigene Erfolge zu schmälern. Vielmehr um inne zu halten, obgleich nicht in bierernster Reflexion. „Ich habe doch schon eine Menge erreicht", sagt Grit Poppe und grinst, „zwei Bücher und zwei Kinder."

Kathrin Röggla

„Sprache ist Tanz"

Über Berlin glüht die Sonne, hochsommerliche Hitze an einem Maientag am Maybachufer, Neukölln. Auf dem Tisch in der kühlen Küche einer dreiköpfigen WG liegt ein Buch, „Irres Wetter" steht darauf. Kathrin Röggla, eine der Bewohnerinnen, hat es geschrieben. „Mal ein Interview bei wirklich ‚irrem' Wetter", schreibt sie mir nach unserem Gespräch mit Kugelschreiber auf eine der ersten freien Seiten. Gern hätten wir draußen gesessen, auf ihrem mit Efeu bewachsenen Balkon, einem der Lieblingsplätze der Autorin. Manchmal sitzt Kathrin Röggla dort mit ihrem Laptop und wortsimpelt. Da macht der Straßenlärm nichts, das Interview aber, das per Tonband aufgezeichnet werden sollte, wäre von Autohupen und Fußgängergetrappel verschluckt worden.

„Irres Wetter" ist Kathrin Rögglas drittes Buch nach „Niemand lacht rückwärts" und „Abrauschen". Natürlich scheint darin nicht ständig die Sonne. Vielmehr ironisiert „Irres Wetter" die aufgeheizte Stimmung im Berlin der neuen deutschen Republik, und es parodiert den Jargon der neuen deutschen Republik.

„eurofitneß beweisen und extra zur love-parade anreisen, das kann ja nur einem ostler einfallen, d.h. mehreren ostlern zusammen, doch das ist nicht wahr, denn wir sind keine ostler, wir sind österreicher und der love-parade dicht auf der spur." (Aus: Irres Wetter)

Kathrin Röggla liebt das Spiel mit Sprache, liebt originelle Wendungen, Bedeutungsverschiebungen und wortwitzige Gebilde. Damit stellt sie eine Gegenwart dar, die im vorzeigenswerten Spaßpalast Berlin und seinen weniger vorzeigenswerten schattigen Nischen passiert. Genau das macht die Texte der jungen Autorin unverwechselbar. Mehrfach ist sie ausgezeichnet und in großen Zeitungen gerühmt worden. Rezensenten feierten sie als „Geschwindigkeitsartistin des Stils", lobten sie als „clever, frech und witzig" und als eine der „begabtesten Autorinnen ihrer Generation". Der „cleveren Geschwindigkeitsartistin" gelingt es, aus Sprache immer Neues hervorzuholen und neue Wörter neu zu verdrehen. Wie etwa die „eurofitneß": Das schräge, uneindeutige Schlagwort fordert regelrecht dazu heraus, aufgegriffen zu werden. Sowieso stehen die Zeiten gut für Sprachspielerinnen: Die Informationsgesellschaft, die nach weltweiter Vernetzung giert und an der Börse jubelt, schmeißt mit neuen Wörtern nur so um sich.

Lust auf sprachliche Artistik bekam Kathrin Röggla jedoch viel früher. Da mussten nicht erst „eurofitneß" und die „Berliner Republik" erfunden werden. Die Literatur selbst, Bücher, die es Jahrzehnte vor dem Jahrtausendwechsel gab, animierten sie, Sprache anders als bisher zu nutzen. Da traf die Schülerin einst auf Arno Schmidt, den sie wegen seiner experimentellen Schreibweisen bewunderte; sie stieß auf Hubert Fichte, den sie wegen seiner szenenhaften Sprachcollagen mag; sie entdeckte die frühe Elfriede Jelinek, die darüber schrieb, wie sich der Kapitalismus auf Bewusstsein, Sprache und Verhalten der Menschen auswirkt.

Von früh an lernte sie, mit Literatur, Sprache und Kunst die Welt offen provokativ zu hinterfragen. Kathrin Röggla ist in Österreich geboren und aufgewachsen, in einem Land, in dem künstlerischer Aktionismus groß geschrieben wird. Die Kunst soll dazu da sein, die Politik zu kritisieren und zu verändern. Das ist heute so in Österreich und das war schon viel früher so in Österreich. In den Fünfziger Jahren etwa gründete sich die „Wiener Gruppe", eine Autorengruppe, die sich gegen gesellschaftliche Enge auflehnte und an die Kunst der vor-nationalsozialistischen Zeit anknüpfte, an dadaistische, expressionistische, surrealistische und konstruktivistische Ideen. Autoren wie Oswald Wiener und Gerhard Rühm versuchten Sprache neu zu gestalten und sie, wie in der Kunst durch abstrakte Malerei geschehen, von Konventionen zu befreien. Unter anderem schrieben sie konsequent klein. Exzentrisch agierten sie in der Öffentlichkeit und lockten Hunderte von Menschen zu ihren poetischen Kundgebungen. Ein konservatives Alpenland ist Österreich nur auf der einen Seite. In Deutschland dagegen seien Schriftsteller bisher eher von einem aufklärerischen Impetus beseelt gewesen, findet Kathrin Röggla und nennt als Beispiel Günter Grass, der Schriftsteller und bekennender Sozialdemokrat ist.

Die begeisterungsfähige sprachkritische Kathrin Röggla hätte womöglich gut in die „Wiener Gruppe" gepasst, nur gab es Kathrin Röggla damals noch nicht. Dafür erblickte sie in den rebellischen Siebzigern das Licht der Welt.

Schreiben habe ihr schon früh sehr nahe gelegen, erzählt sie. Als Kind bastelte sie an Krimis. Richtig ernst mag sie diese ersten Schreibversuche nicht nehmen. So wie kaum einer in Kindern, die Spaß daran haben, aus Legosteinen Häuser zu bauen, künftige Maurer oder Architekten vermuten würde. Doch kommt möglicherweise der Tag, an dem die Legosteine eine neue, ernsthafte

Bedeutung erhalten – wie das Schreiben. „Irgendwann gibt es einen Punkt, wo Schreiben nicht mehr nur ein Spiel ist. Dieser Punkt war bei mir mit fünfzehn. Da habe ich fürs Theater geschrieben.“ Anfangs ersann sie Texte fürs Schultheater, improvisierte Stücke über pubertäre Konflikte, die gemeinsam mit den Schülerinnen und Schülern in der Gruppe entstanden. Damals ging es der Autorin noch mehr darum, Ideen statt Sprache zu formen. Sie mochte die inszenierte Form von Literatur und sie mag es bis heute, mit anderen Leuten zusammen zu arbeiten. „Ich komme gut klar mit meiner Einsamkeit am Schreibtisch, aber hin und wieder muss ich raus, und das genieße ich dann sehr.“

Sie schloss sich einer Laienspielgruppe an, der witzigerweise eine Handvoll professioneller Künstler angehörte: Es gab eine Tänzerin, einen Musiker, einen Schauspieler – „alle Profis, mit Ausnahme von mir.“ Man machte zusammen Tanztheater, Puppentheater, Absurdes Theater. Kathrin Röggla führte Regie

und schrieb Stücke. Sie hatte damals ein großes Faible für Eugène Ionesco, der mit der „Kahlen Sängerin" einen Klassiker des Absurden Theaters verfasst hatte. Nebenbei schrieb sie für eine Literaturzeitschrift und machte in einer Literaturwerkstatt mit. Da saß die Schülerin als eine der Jüngsten zwischen lauter Germanisten und Akademikern, die dem Surrealismus und dem Dadaismus anhingen. Einmal wöchentlich kam man zusammen und diskutierte selbst verfasste Texte, die anonym blieben. „Natürlich konnte man sich nachher denken, wer was geschrieben hatte", sagt Kathrin Röggla. Trotz der jungen Jahre sei sie immer gleichwertig von den anderen aufgenommen worden. Heute weiß sie, dass sie in der Literaturwerkstatt ihr Handwerk lernte, experimentell zu schreiben lernte. Wie sie damals geschrieben hat? In Worten, von denen eine ähnlich subversive Kraft ausgeht wie die in „Niemand lacht rückwärts", ihrem ersten Buch.

„alles läßt sich zweimal erzählen. in gelb und in grau. so auch paul, der läßt sich erzählen, wenn man an der richtigen schnur zieht. gleich kommt er."
„alles ist beruf. und dann ist feierabend, und dann wird gegessen, und so wird es gemacht: man führt die gabel ins hirn und sticht zu, jemand schreit auf, erbsen kollern die straße entlang, bis sie zurück im stammhirn sind und kinder kriegen. dann ist nachmittag und man ist vierunddreißig." (Aus: Niemand lacht rückwärts)

Sie war noch keine zwanzig und steckte schon mitten drin in der avantgardistischen Literaturszene. Kein Grund, Aufhebens davon zu machen: „Da kommt man in Österreich automatisch rein, wenn man sich für Literatur interessiert, für engagierte Literatur", winkt sie ab. Nichtsdestotrotz war sie außergewöhnlich interessiert. Und engagiert, auch über das Schreiben hinaus. Provokant setzte sie Sprache gegen Bilder und baute in ihre Lesungen Video-Performances ein, die abstrakte Aufnahmen von Gängen und Räumen in dauernder Bewegung zeigten, oder gynäkologische Instrumente zu feministischen Texten. Inzwischen findet sie, dass sie viel zu viele Bilder einsetzte, damals als Studienanfängerin, die sich an der Salzburger Universität für Publizistik eingeschrieben hatte. Ihr Schwerpunkt lag auf Medienwissenschaft, daher reizte und begeisterte es sie, mit audiovisuellen Medien zu probieren.
Dann ging sie nach Berlin. Sie wollte in die Großstadt, heraus aus allen kleinstädtischen, kleinbürgerlichen Verhältnissen. Ganz oben auf der Wunschliste stand New York. 1991 flog sie hin und lebte für vier Wochen in einer Wohngemeinschaft. Sie merkte schnell, „dass es verdammt schwierig ist, sich da über Wasser zu halten".

Also Berlin. Berlin gefiel ihr, weil es zerrissen war, offen, voller Nischen, „eine Stadt, in der Peripherien bis ins Zentrum dringen können, in der Kunst keine Herrschaftskunst ist, sondern von den Rändern kommt". Eine Stadt der Hausbesetzer und selbstorganisierten Volksküchen. Eine Stadt, die noch ganz anders war als sie heute ist.

Kathrin Röggla studierte Literatur und schrieb selbst weiter. Sie erkannte Sprache als ein Konstrukt, in das sich Gegenwart und Gesellschaftlichkeit einschreiben. Sie sah Sprache als von den Menschen geprägt, die sie sprechen. Stundenlang saß die experimentierfreudige Autorin am Schreibtisch und begann Sprache auseinander zu nehmen und neu zu montieren, wie ein Uhrmacher eine Uhr oder ein Radiotechniker ein Radio. Genauso, wie der Uhrmacher oder Radiotechniker sich beim Herumschrauben Einblicke in Abläufe und Mechanismen verschafft, erkannte sie als Sprachmacherin oder Sprachtechnikerin, wie etwas funktioniert, Sprechsituationen etwa. Natürlich lässt sich die Arbeit des Handwerkers nicht 1:1 auf ihre übertragen: Bei ihr kommt beim Zusammensetzen etwas Neues heraus. Dabei lässt sie Phantasie walten, Sprachgefühl und Wortästhetik.

Das, was Kathrin Röggla für ihr Sprachspiel benötigt, holt sie sich aus dem Alltag. Aus alltäglichem Stimmen- und Wörtergewirr auf der Straße, aus Werbung, Zeitung und Fernsehen. „Ich höre etwas und reagiere darauf sprachlich. Ein Wort wie Euroschwäche schillert für mich", sagt sie und ihre Augen blitzen. Wenn Worte schillern, fragt sie sich: Was steckt hinter den Worten, einem ganz bestimmten Wort? Sie fängt an zu recherchieren und zu lesen, Literatur, die sie mag, die sie inspiriert und motiviert, eben Bücher von Hubert Fichte, den sie „total klasse" findet in seiner Art, Dokumentation und Poesie zusammen zu bringen. Oder Arno Schmidt, „der ein guter Motor für mich ist, weil er wunderbar Sprachjargons einfangen und ironisch damit spielen kann". Bisheriges, Bekanntes mischt sie mit Neuem, Modernem, Eigenem. Aus dieser Gegensätzlichkeit bezieht ihre Literatur die Spannung und den ganz persönlichen Stil.

Kathrin Röggla schrieb „nicht wirklich" auf ein Buch hin, „ich habe ja mehr in Zeitschriften publiziert und für die geschrieben". 1993 gewann sie in Berlin den Talentförderer-Literaturwettbewerb „Open Mike", 1994 kam eine Einladung zu den Klagenfurter Literaturtagen. Verlage sprachen sie an, sie schickte ihnen ihre Texte und der Residenz-Verlag aus Österreich entschloss sich innerhalb von sechs Tagen, ihr Manuskript als Buch zu veröffentlichen. 1995 erschien „Niemand lacht rückwärts". Großstadtszenerien, die in einem kritischen Verhältnis zur kapitalistischen Konsumwut stehen. Nachdem Kathrin Röggla von Österreich fortgezogen war, wohnte sie zunächst in Berlin-Steglitz, direkt neben einem Kaufhaus. Sie erlebte „Oberflächen-Kapitalismus pur", war so schockiert wie fasziniert: Hastende Menschen hielten knisternde, prall gefüllte Tüten, offenbar, um sich selbst zu halten. Markante Bilder stachen der Beobachterin ins Auge, Bilder, die zeigten, wie entfremdet die Menschen sich selbst und anderen gegenüber sind.

„nur ich finde mich in der süßwarenabteilung wieder, alleine neben den bunten käfigen, aus denen sich die leute ihr zuckerwerk nehmen. kaufen sie es auch, dann dürfen sie sich etwas wünschen, und es bleibt echt dabei. wenn sie zudem noch die augen auf die regale gerichtet halten und ein paar minuten warten, so werden sie ganz bunt und beweglich. ja, der süßkram, das ist bei mir so, als steckten sie mir einen docht in jedes auge und zündeten dann an, und schon klappt mir einfach der mund auf und ist nicht wieder zuzubekommen, da können sie mir alles mögliche hineinsprühen, er bleibt einfach offen." (Aus: Niemand lacht rückwärts)

Kathrin Röggla schreibt in einer Sprache, die seifenblasenartig schimmert, aber nicht platzt und sich in Luft auflöst, wenn man sie ansticht; die sehr durchdacht und substanziell ist, auch wenn die Wörter und Sätze willkürlich angeordnet erscheinen mögen. Ihre Sprache wirkt assoziativ, verfremdet Bilder traumhaft, winkt mit Satzfetzen, hält lakonische Bemerkungen parat, mitunter lyrische Versatzstücke von überraschender Schönheit, kreative Wortschöpfungen und perfekte Sinnverdreher.

„das leben lässt sich nämlich ganz einfach rückwärts denken, und drückt man auf den richtigen knopf, dann kann einem die hand auswachsen oder der fuß bleibt stecken in der dicke der erinnerung. dennoch franz, ich habe das alles längst hinter mir. die gegenwart hält mich so ganz gefangen, das klingt zwar nach beteuerung, aber dem ist nicht so: ich muss zusehen, wo ich bleibe, denn schnell kann einem der strick durch die rechnung gedreht, ja, schnell können deine haare zu ende geschnitten sein, und dann ist schluss." (Aus: Niemand lacht rückwärts)

Die Autorin versteht Sprache als Fiktion, als einen gesellschaftlich konstruierten Code. Der Code lässt sich knacken und zu neuen Buchstaben- und Wortkombinationen verschlüsseln. In „Abrauschen", ihrem zweiten Buch, einem Roman, spielt die Autorin das kapriziöse Sprachenspiel furios weiter. Eine Frau flüchtet mit ihrem Kind aus Berlin und bezieht ein heruntergekommenes Quartier in Salzburg-Lehen. Es ist eine Geschichte über Konflikte zwischen Generationen und Konflikte innerhalb einer Generation, eine Geschichte über unterschiedliche Wahrnehmungen von Zeit und Wirklichkeit. „Generationserfahrungen lassen sich nicht auf einen Nenner bringen", sagt Kathrin Röggla. „Ein türkisches Mädchen aus Köln hat andere Erfahrungen als ein Mädchen, das in Brandenburg aufwächst." In „Abrauschen" jongliert die Autorin nicht nur mit Sprache, sondern auch mit Zeiten: Das Kind altert schneller als seine Umgebung, seine persönliche Zeit läuft konträr zur erzählten Zeit. Kathrin Röggla setzt dadurch Grundlagen der konventionellen Erzähltheorie außer Kraft und stellt den Begriff Zeit als Kontinuum in Frage. Zeit läuft nicht hintereinander ab, Zeit läuft miteinander, nebeneinander, durcheinander.

„Im Moment gibt es nichts Besseres über Berlin", äußerte sich anerkennend eine Rezensentin, als im Frühjahr 2000 „Irres Wetter" erschien. In der Art und Weise, in der die Wörter und Sätze angeordnet sind, spiegeln sie die

Schnelllebigkeit und den Bewegungsdrang der heutigen Gesellschaft wieder. „Irres Wetter“ pointiert Trends und Zeitgeist. Es lässt Stimmen wellenartig aufschlagen und Bilder aufblitzen, wie in einem Menschenstrom auf der Einkaufsstraße Gesichter aufblitzen, oder das Rot einer Jacke, eines Ladenschildes, einer Leuchtreklame. Dadurch entsteht eine grell konturierte Collage, ein Stimmungskonzentrat aus dem neuen, dem leistungs- und erlebnisorientierten Berlin, einem Berlin, dem Kathrin Röggla skeptischer gegenüber steht als dem einst erträumten, vorgestellten. „Ich habe mich über den Hauptstadthype geärgert“, sagt sie. „Es ärgerte mich, in welche Richtung die Hauptstadtgestaltung ging – in eine Vertreibung der Randgruppen, in eine revanchistische Politik. Die schönen, reichen Menschen und die Konzerne dagegen durften sich ausbreiten.“ Das sei wie beim Börsenkult: „Es wird so dargestellt, als ob alle partizipieren können am Aufstieg, aber im Grunde wird ausgegrenzt“, erklärt sie. „Berlin forderte zur Diskussion heraus und daran wollte ich mich mit meinem Buch beteiligen.“

Die von ihr dargestellte Ausgrenzung geschieht nicht nur über turmhohe Paläste und polierte Fassaden moderner Imperien. Ausgegrenzt wird auch über Sprache. Über Sprache werden neue Welten und Erlebnisräume geschaffen, zu denen die einen Zutritt haben und die anderen nicht. Die einen wetteifern im Fachjargon an der Börse mit, die anderen wissen nicht, wovon die Rede ist.

Kathrin Röggla macht aus ihrer Sprach- und Gesellschaftskritik nicht nur Texte zum Lesen, sondern auch zum Hören. Ein Knopfdruck auf den Kassettenrekorder, der auf dem Küchentisch steht, und gemeinsam hören wir ein Audiofeature, das sie fürs Radio angefertigt hat. Die Sprachkritikerin verfremdet darin Sätze, Wörter und Redewendungen von Moderatoren und Nachrichtensprechern, würfelt sie ironisch durcheinander, beschleunigt und verlangsamt den Ton, um Aufregung und Entspannung an der Börse zum Ausdruck zu bringen. Nicht zuletzt geht es ihr darum, die Floskelhaftigkeit neuen Sprechens herauszufiltern. Manchmal sitzt Kathrin Röggla vorm Fernseher und beobachtet den Börsenboom bei n-tv. „Ich finde das sehr spannend, was da passiert“, sagt sie. „Die Nachrichtenleute von der Telebörse sprechen nicht sachlich, sondern sehr emotional und bewegt wie in einer Sportreportage.“ Dabei sei die neue Wirtschaft aus Aktienkult, Internet und elektronischem Kommerz viel weniger fassbar als die Wirtschaft, die sich auf Arbeitsmarkttendenzen, Steuererhöhungen oder Rentenzahlungen bezieht. „Der Staat verliert an Bedeutung“, analysiert Kathrin Röggla mit soziologischem Blick. Sozialdemokratische Modelle kippten zusammen, heute sei Eigenverantwortung gefragt. Wer Angst um seine Rente in der Zukunft habe, spekuliere an der Börse – und lasse sich einfangen von der in den Massenmedien geschürten neoliberalen Hysterie. Kathrin Röggla selbst hat keine Aktien: „Komisch, in der letzten Zeit werde ich ständig danach gefragt." Aber einen Internetanschluss hat sie. Das Internet interessiert die Zeitkritische natürlich brennend, immerhin ist es ein kommunikatives Medium, und Sprache und Kommunikation gehören zusammen. Sie schreibt elektronische Briefchen, holt sich ihre Nachrichten aus dem Netz und nutzt die virtuelle Welt für sprachliche Spielereien und Auseinandersetzungen wie bei „convex tv", einem Internetradiokollektiv, das gleichzeitig im Radio als auch im Netz als auch realräumlich Sendungen und Veranstaltungen macht *(www.artbag.net./convextv)*.

Kathrin Röggla lässt sich gern von gegenwärtigen Strömen mitreißen um sich gleich darauf wieder auszuklinken und dem Treiben in kritischer Distanz zuzusehen. Dabei zu sein, aber aus der Ferne. Auch in anderer Hinsicht: Direkt im Zusammenhang mit dem „Fräuleinwunder" ist die Autorin nicht genannt worden. Obgleich auch sie es erlebt, „dass man als schreibende Frau anders behandelt wird als ein schreibender Mann". Es sei schon passiert, dass sie sich durch eine Rezension als Frau, als junge Frau diskriminiert gefühlt habe, erzählt sie. Einmal hieß es in einer Kritik zu „Abrauschen", dass nicht eben interessant sei, was einer jungen Frau da so durch den Kopf rausche. Kathrin Röggla will sich darüber nicht allzu sehr ärgern.

Keine Kritik könnte die Schreiblust hemmen. Schreiben heißt neugierig zu sein. „Ich begebe mich mit meinen Texten auf Entdeckungsreise und versuche durch sie Fragen zu formulieren." Fragen, die offen gestellt sind und offene Antworten erlauben. Meist macht sie sich doppelte Arbeit. „Ich schreibe ein Buch und anschließend ein Gegenbuch. Das wird es dann", sagt sie. „Gute Komik beinhaltet etwas Tragisches. Man muss über sich selber lachen können. Das heißt auch, etwas verwerfen zu können, was ernsthaft entstanden ist." Hunderte von computerausgedruckten Seiten hat sie archiviert. Das Arbeitszimmer muss überquellen vor Mappen und Büchern – darum lasse sie nur ungern jemanden herein, gesteht sie lachend. „Aber inzwischen arbeite ich ökonomischer und drucke nicht mehr alles aus." Nicht mehr alles, was sie vor allem am Morgen, ihrer produktivsten Zeit, auf den Computerbildschirm bringt. Gleich nach dem Aufstehen sitzt sie am Schreibtisch, kann zwölf Stunden dort verbringen, wenn sie „gut drin ist".

Obwohl sich Kathrin Röggla mit dem Bild der schreibenden Frau vollkommen identifiziert, sieht sie sich nicht als Schriftstellerin. „Der Begriff klingt altbacken. Ich denke dabei eher an Großschriftsteller wie Robert Musil oder Günter Grass", sagt sie. „Ganz schlimm finde ich die Bezeichnung Dichter – das hat so etwas Verblasenes. Zeitdiagnose und Dichter verbindet man nicht." Wie sie sich selbst am liebsten bezeichnet? „Als Autorin. Weil ich in mehreren Medien arbeite und nicht nur Romane schreibe."

Obgleich der nächste Roman in Arbeit ist. Wann sie den Kopf frei bekommt? Sie lacht: „Durch Literatur. Sprache bedeutet Sinnlichkeit für mich." Zwischendurch tanzt sie. „Beim Tanzen fallen mir gute Sachen zum Schreiben ein. Aber Sprache selbst ist auch Tanz."

Birgit Vanderbeke

„Der Beruf der Schriftstellerin tut wahnsinnig weh"

Wenn Schriftstellerinnen an ihren Büchern schreiben, sitzen sie heute gemeinhin am Computer und lassen dabei im Kopf Bilder entstehen, die vom Hirn durch die Muskelstränge, Nerven, Adern und Sehnen der Arme bis in die Fingerkuppen geleitet werden, von dort in Buchstabentasten fließen und auf dem Bildschirm erscheinen. Der Vorgang vom Kopf in die Arme in die Fingerkuppen in den Computer geht mehr oder weniger schnell. Bei Birgit Vanderbeke ist er kaum zu messen. Sie rast über die Tasten. Ehe Gedankenbilder in tückischen Kopfnischen verloren gehen, hat sie sie elektronisch längst fixiert. „Bilder kommen nicht hinterher, wenn man nicht tippen kann", sagt sie, „und ich kann es halt wahnsinnig gut." Sie lernte mit zwanzig im Volkshochschulkurs Schreibmaschineschreiben, bezahlte tippend ihr Studium und gewann einen Tipp-Wettbewerb. In Spitzenzeiten schaffte sie 500 Anschläge pro Minute, das sind pro Sekunde mehr als acht Tasten. Heute fliegt sie in der Sekunde über sechs Tasten, das sind immer noch 350 Anschläge pro Minute. „Ich merke den Schreibvorgang gar nicht mehr", sagt sie. „Ich tippe und spreche währenddessen mit meinem Mann." Wozu da noch Computer erfinden, die per Spracheingabe funktionieren?

Ihre Tippkünste sind für sie die „wichtigste biografische Angabe, die ich überhaupt machen kann". Denn ihre Schreibgeschwindigkeit schlägt sich in ihren Texten nieder. Sie fließen geschmeidig, anmutig, klar und werden kaum durch Punkte gestoppt. Das, kurz gesagt, macht ihren Stil aus und das macht Birgit Vanderbeke seit zehn Jahren, seit dem „Muschelessen", ihrer ersten Erzählung, unverkennbar.

„Dass es an diesem Abend zum Essen Muscheln geben sollte, war weder ein Zeichen noch ein Zufall, ein wenig ungewöhnlich war es, aber es ist natürlich kein Zeichen gewesen, wie wir hinterher manchmal gesagt haben, es ist ein ungutes Omen gewesen, haben wir hinterher manchmal gesagt, aber das ist es sicherlich nicht gewesen, und auch kein Zufall. Gerade an diesem Tag wollten wir Muscheln essen, ausgerechnet an diesem Abend, haben wir gesagt, aber so ist es wiederum auch nicht gewesen, keinesfalls kann man von Zufall sprechen, wir haben nach-

träglich nur versucht, dieses Muschelessen als Zeichen oder als Zufall zu nehmen, weil das, was auf dieses ausgefallene Muschelessen dann folgte, tatsächlich von solcher Ungeheuerlichkeit gewesen ist, daß sich am Ende keiner von uns mehr davon erholt hat, und schließlich haben wir immer Muscheln gegessen, wenn es etwas Besonderes sein sollte, und dies ist etwas Besonderes gewesen, allerdings in einem ganz anderen Sinne, als wir uns vorgestellt hatten." (Aus: Muschelessen)

Birgit Vanderbeke isst Rostbratwürstchen, Mettwurst und Schinkenspeck. Frühstück am Sonntag Vormittag in einem Hotel in Berlin-Mitte. „Die Qualität eines Hotels erkennt man daran, ob es Rostbratwürstchen zum Frühstück gibt", sagt sie und kaut. Ihr Mann mit dem schönen halblangen dunklen Haar trinkt rasch einen Becher Kaffee, ehe er sich wieder ins Hotelzimmer zurückzieht. „Möchtest du wirklich nicht probieren?", fragt Birgit Vanderbeke. Er möchte nicht.

Birgit Vanderbeke hat fast drei Jahrzehnte gewartet, bevor sie sich ihren Kindheitstraum erfüllte und zu schreiben anfing. „Ich habe gewartet, weil ich noch nicht so weit war, weil ich noch Zeit brauchte und erst ein bisschen leben musste", erklärt sie. „Ich hätte Astrid Lindgren nicht antun können, ein unsicheres literarisches Unternehmen zu starten." Der schwedische Kinderbuchstar weckte in dem fünfjährigen Mädchen, das Birgit Vanderbeke damals war, die Lese- und die Schreiblust. „Ich dachte, Schriftstellerin, das müsste ein wunderbarer Beruf sein." Astrid Lindgrens „Kinder von Bullerbü" waren ihr erstes Buch, dreieckig ragte ein Stück des Einbands damals aus dem Nikolausstiefel. Sie konnte es selbst lesen. Lesen hatte sie sich im Flüchtlingslager beigebracht. Birgit Vanderbeke wurde im brandenburgischen Dahme geboren. Die Familie, zu der neben den Eltern und der Tochter ein Sohn gehörte, siedelte 1961 in den Westen und kam über Lagerstationen in Nordrhein-Westfalen und Hessen nach Frankfurt. Als sich im August 1989 die Ereignisse ballten, die zum Fall der Mauer führen sollten, als die Menschen in den Botschaften von Prag und Budapest darauf warteten, dass sich die Grenzen öffneten, fühlte sich Birgit Vanderbeke an die Sechziger Jahre erinnert, daran, wie ihre Familie von Ost nach West ging.

Die Sechziger Jahre tauchten im August '89 noch aus einem anderen Grund vor ihrem inneren Auge auf. Ihr Sohn Julian, damals vier Jahre alt, ging in einen Kindergarten. Eines Tages kam heraus, dass die Erzieher dort den Kindern Gewalt antaten, dass sie sie an den Haaren und Ohren zogen, ihnen Ohrfeigen verpassten, sie an den Ellenbogen rissen. Ihr Kind war nicht angerührt worden, trotzdem fühlte sich Birgit Vanderbeke als verantwortungsvolle Mut-

ter sehr betroffen: „Das erinnerte mich an autoritäre Erziehungsmethoden, wie sie in den Sechziger Jahren üblich waren." Der sich anbahnende Mauerfall und der Vorfall im Kindergarten führten dazu, dass sich Birgit Vanderbeke hinsetzte und zu schreiben begann. Plötzlich war die Zeit reif. Die erste Erzählung kam wie von selbst.

„Das Muschelessen" ist eine Geschichte, die mit sprachlicher Leichtigkeit die beklemmende Wahrheit einer patriarchalisch geführten, aus dem Osten geflohenen Familie offenlegt. Die Mutter und ihre beiden Kinder bereiten das Lieblingsessen des Vaters zu: Muscheln. Als sich der Vater verspätet, beginnen die drei zu erzählen und die Farce zu entlarven, die ihr angeblich so geordnetes Familienleben darstellt. Familie, die haben die Mutter und ihre beiden Kinder bislang als Unterordnung, Demütigung und Gewalt erlebt. Die blutende Nase, die der Vater seinem Sohn nach einer verpatzten Klassenarbeit zufügte, blieb kein Einzelfall. Birgit Vanderbeke erzählt von den Grausamkeiten

des Alltags wie in einer lockeren Handbewegung, die nebenbei Meißener Porzellan vom Tisch fegt und klirrend zu Boden fallen lässt.

Mit dem „Muschelessen" gelang ihr ein so außerordentlich wie überraschend erfolgreiches Erzähldebüt. Als sie 1990 bei den Klagenfurter Literaturtagen einen Auszug aus der Erzählung vorlas, wurde sie mit dem Ingeborg-Bachmann-Preis ausgezeichnet. Sie war 34 Jahre alt und hatte just den wunderbaren Beruf der Astrid Lindgren ergriffen.

Frankfurt war für viele Jahre das Zuhause von Birgit Vanderbeke. Hier ist sie aufgewachsen und zur Schule gegangen, hier büffelte sie sieben Semester Jura, bis sie sich kurz vor dem Examen dachte: Ich will keine Juristin sein, und künftig Germanistik und Romanistik auf Lehramt studierte. Zur Uni ging sie nachmittags. Vormittags tippte sie im Institut für Sozialforschung, in dem einst Adorno und Horkheimer die Frankfurter Schule begründet und philosophisch-soziologische Maßstäbe gesetzt hatten. Das Institut war ihr Schlaraffenland. Es beherbergte eine Bibliothek mit Archiv, die nicht öffentlich zugänglich war, aber den Mitarbeiterinnen und Mitarbeitern zur Verfügung stand. „Ich hatte damit ein absolut paradiesisches Studienumfeld", schwärmt sie noch heute. „Ich konnte lesen, lesen, lesen: Neben Büchern Briefwechsel und Handschriften in Originalen. Ich habe so vieles gelesen, an das ich sonst nicht herangekommen wäre." Im Institut für Sozialforschung legte sie ihr philosophisches Fundament.

Sie war schwanger, als sie 1984 ihr erstes Staatsexamen bestand. Im Frühjahr 1985 brachte sie Sohn Julian zur Welt. Im Wochenbett schrieb sie ein Exposé für eine Doktorarbeit. Fast hätte eine wissenschaftliche Karriere so ihren Lauf genommen. Fast hätte sie eine Dissertation geschrieben mit dem Titel „Androgynie und Ästhetizismus am Beispiel von Mallarmé und Proust". Sie hatte nachweisen wollen, dass man das Phänomen Androgynie in der Literatur methodisch zu fassen bekäme, wenn man sich den Ansätzen von Benjamin und Derrida anvertraue. Ihr war aufgefallen, dass sich Benjamin und Derrida in ihren Herangehensweisen nahe standen. Warum sie ihre Idee auf den Müll warf? Weil sie erfuhr, dass der Benjamin-Kenner und Derrida-Freund Paul de Man, den sie immer sehr verehrt hat, seinerzeit den Faschismus begrüßt hatte. Nach 1945 wanderte der Philologe von Belgien in die Vereinigten Staaten aus und legte sich eine komplett neue Biografie zu. Für die angehende Doktorandin brach eine Welt zusammen. „Wenn die Wissenschaftssprache so zu missbrauchen ist, dann möchte ich sie nicht mehr benutzen", sagt sie in einem Ton, der ihren Entschluss noch einmal kategorisch zementiert. „Da habe ich aufgehört Wissenschaft zu machen. Auch bei einem anderen Thema hätte ich in der Sprache arbeiten müssen, mit der man so offensichtlich lügen kann."

Was nun? Die junge Mutter, die ihr Studium mit dem Lehramtsexamen abgeschlossen hatte, probierte es mit einem Referendariat. Nach wenigen Wochen brach sie es ab. So sarkastisch wie sie schreibt, erzählt sie: „Referendariate haben es so an sich, dass man, wenn man ein Mann ist und keine Kinder hat, morgens von zehn bis zwölf zur Schule geht. Wenn man aber eine Frau ist und Kinder hat, muss man morgens um acht hin, darf erst mittags um zwei nach Haus und hat dafür fünf Freistunden mittendrin." Derweil ging ihr Sohn in den Kindergarten – von neun bis zwölf.

So fing sie an zu schreiben, das „Mùschelessen", in der ihre große gesellschaftliche Wut zum Bild geworden ist. Eine Autorität verleibt sich die Schwächeren ein, demütigt sie, macht sie abhängig. Die Erzählung spiegelt durch die Darstellung des Mikrokosmos Familie den Makrokosmos Staat und Gesellschaft. Den Makrokosmos Westen, der den Osten schluckt. „Was machen wir eigentlich mit dem ganzen Osten, wenn er jetzt zum Westen wird?", fragte Birgit Vanderbeke. Sie musste darüber schreiben, über das Verhältnis von Macht und Ohnmacht, von Gewalt und Schutzlosigkeit. Sie kannte das Gefühl der Zerrissenheit zwischen Ost und West aus der eigenen Kindheit, ein Gefühl, das sie als erwachsene Frau durch den Mauerfall neu erlebte.

Über Identitätskonflikte, die Schwierigkeit des Einlebens und über Ostkinder im Westen schrieb Birgit Vanderbeke sechs Jahre darauf ein zweites Buch, „Friedliche Zeiten".

„Es gab natürlich auch die Kinder in der Siedlung und später Freundinnen aus der Schule, aber es war nicht dasselbe, weil sie Westkinder waren, und wir waren Ostkinder und würden Ostkinder bleiben. Auch wenn wir uns noch so anstreng-

ten, Westkinder zu werden, wurden wir keine, und wir wußten zwar nicht genau, was der Unterschied zwischen Osten und Westen war, aber er war gewaltig, weil sie dazwischen den Stacheldraht hatten und ihren Kalten Krieg mit hüben und drüben lauter Idioten. Auch zwischen der Ami-Siedlung und unserer war Stacheldraht, und von unserer Siedlung ging keiner in die Ami-Siedlung, weil wir mit den Ami-Kindern nicht spielen durften, und wahrscheinlich durften die Ami-Kinder mit uns auch nicht spielen, weil die Amis zwar solche Idioten gewesen waren, daß sie nach dem Krieg Kaugummis an Nazis und Nazikinder verteilt hatten, aber bestimmt waren sie doch nicht solche Idioten, daß sie ihre Kinder mit Nazikindern in einem kreuz und quer verminten Land spielen lassen wollten." (Aus: Friedliche Zeiten)

Die „Friedlichen Zeiten" bilden das Pendant zum „Muschelessen". Wieder wird satirisch das Klischee der heilen Familie rigoros entzaubert, wieder geht es um eine Familie in den Sechziger Jahren, die von Ost nach West wanderte. Nur diesmal ist die Mutter diejenige, die Druck ausübt, allerdings weniger gewalttätig als neurotisch. Zwanghaft kontrolliert sie Mann und Kinder, aus Angst, ihnen könnte etwas passieren. Kein Zimmer darf abgeschlossen werden, auch nicht das Klo, da die Mutter befürchtet, eines ihrer drei Kinder könne einen Schwächeanfall erleiden. Gegenüber den Kindern mutmaßt die Mutter darüber, dass sie bestimmt nicht alt würde und ganz jung sterben müsse. Sie droht sich umzubringen.

Komik und Schrecken tremolieren im Wechselspiel. Geschickt lässt Birgit Vanderbeke den Leser zwischen dem einen und dem anderen taumeln. Wie auch schon im „Muschelessen" kontrastiert sie die schlichte kindliche Sprache der Ich-Erzählerin mit dem ergreifenden, erschütternden Inhalt.

Die Kinder wünschen sich eine Scheidung der Eltern, damit sie am Wochenende zum Vater könnten, dann gäbe es Eis und Brathähnchen und ein verschließbares Klo. Der Vater sehnt sich nach Männern, mit denen er wie im Osten abends in die Kneipe gehen und Witze erzählen kann, die Mutter trauert ihrem toten Verlobten hinterher. Niemand in der Familie fühlt sich heimisch und angekommen, Unausgesprochenes, Kummer, Unsicherheit und Ängste liegen auf dem Familienleben wie eine schwere, klamme Decke.

Als die Mauer schon drei Jahre in Schutt und an Touristen verschacherten Steinen lag, kam Birgit Vanderbeke das erste Mal ins neue Berlin: „Ich dachte, wenn du dich schon in Sachen Mauer für eine Sachverständige hältst, musst du mal hingehen." So zog sie von Frankfurt weg und siedelte um in die einst gevierteilte Stadt. „Ich war 36 und lang genug dort gewesen. Ich musste woanders hin."

Doch Berlin entsetzte und schockierte sie. Sie empfand die Stadt damals als „unerhört verwahrlost und aggressiv“. Sie lebte in einem Stadtviertel, in dem immer wieder Schulkinder starben, weil Autofahrer die Ampel übersahen. „Deutschland ist überhaupt das Land mit den meisten Kindertoten im Straßenverkehr, und das haben wir vor der Haustür gesehen“, sagt Birgit Vanderbeke. „Mein siebenjähriges Kind schwebte ständig in Lebensgefahr.“ Seine Mitschüler kamen mit Klappmessern und Ninjasternen in die Schule und schlugen Kinder im Sportunterricht nieder. Die Stadt selbst spiegelte Chaos wieder. „Die Stadt war verwirrt und fand sich nicht selbst. Alle warteten auf irgendwas und keiner wusste, worauf. Jeder war gegen jeden: Wessis gegen Ossis, Ossis gegen die Polen, alle gegen die Türken.“ Birgit Vanderbeke, ihr Sohn und ihr Mann gingen fort, nach Südfrankreich, wie die Erzählerin mit ihrem Kind in dem Buch „Ich sehe was, was du nicht siehst“.

„Man kann einfach weggehen, dachte ich. Entweder man geht ein bißchen weg, oder man geht richtig weg, oder man bleibt. (...) Ich bin erst geblieben und habe gedacht, eines Tages gehe ich weg, inzwischen ist das Kind immer mehr gewachsen, und ich bin immer noch dagewesen, und eines Tages habe ich gedacht, wenn du jetzt nicht bald weggehst, bleibst du womöglich da, und hinterher wirst du traurig, und da bin ich weggegangen, und alle sind da geblieben, wo sie waren.“ (Aus: Ich sehe was, was du nicht siehst)

Die Erzählung mit dem Titel eines Kinderratespiels ist ein sehr persönliches Buch geworden, das am dichtesten autobiografische. Es schildert das Einleben der Erzählerin und ihres Kindes in der südfranzösischen Provinz, die krassen Unterschiede zur Großstadt Berlin. Birgit Vanderbeke behält einen ironischen Unterton bei, doch klingt auch leise Melancholie an. Behutsam, in knappen Worten konturiert sie zauberhafte Stimmungen, lässt so expressive wie verträumte Bilder im Kopf des Lesers entstehen, wenn sie den Nachthimmel in Frankreich mit einem Sternenbild van Goghs vergleicht.

Birgit Vanderbeke und ihre Familie zogen nicht von Berlin in eine andere deutsche Stadt, sondern in ein anderes Land, weil Deutschland nicht mehr das Land war, in dem sie sich wohl fühlte. Es war ein Land, das eine grobe Narbe hatte, ein zwiegespaltenes, von Vorurteilen durchdrungenes Land, ein Land zudem, das sie als Frau diskriminierte. In „Gut genug“ schreibt sie darüber. Es ist eine Erzählung, in der sie witzig, grollend, ironisch übers Kinderkriegen schreibt. Als Schriftstellerin, die selbst Mutter ist, zeigt sie dem Mythos von Schwangerschaft und Muttersein eine lange Nase und räumt gnadenlos auf mit rosaroter Babyeuphorie.

„Der Arzt, als er mir gesagt hat, daß der Schwangerschaftstest so und so und also positiv wäre, nachdem ich mir das erste Mal über die Hand gepißt hatte, wußte erst nicht, ob er mir gratulieren soll oder lieber gleich eine Abtreibung machen. Ich auch nicht. Wir hatten in der Schule die Atombombe, den Rassismus in den Vereinigten Staaten, Arno Schmidt, den Faschismus, die Unterdrückung der Frau, die zweite Natur und überhaupt eine Menge gelernt, und in Musik die Seeräuberjenny, aber das war kein Pflichtkurs, und jedenfalls hat man da schon, mit Ausnahme des Rassismus in den Vereinigten Staaten, die hier nur mit Einschränkung gelten, lauter handfeste Gründe dagegen. Gegen das Kinderkriegen. Wenn Sie nachdenken, fallen Ihnen bestimmt auch noch welche ein. Meiner Mutter sind ziemlich viele eingefallen, als ich dann damit kam, sogar meinem Vater sind welche eingefallen. Eigentlich allen. Mir auch. Um es genau zu sagen, fällt einem, wenn man halbwegs bei Verstand ist, kein einziger Grund dafür ein. Sagen Sie nichts von Liebe. Wir sind für Liebe nicht so sehr gut geeignet." (Aus: Gut genug)

Kühner Spott ist das eine, was den Text auszeichnet, warmherziger Humor das andere. Niemals ist die Autorin lieblos gegenüber dem Kind.

Doch wer Mutter wird, muss ein neues, bislang unvorstellbares Leben leben lernen – und muss lernen, abgespeist zu werden. Birgit Vanderbeke hat es so erlebt: „Ich habe gemerkt, dass es in Deutschland mit an Schande grenzende Schwierigkeiten mit sich bringt, eine erwachsene Frau, ein sexuelles Wesen und zugleich Mutter zu sein. Das finde ich beschämend für die deutsche Gesellschaft." Eine Mutter werde in den Blicken nicht mehr gespiegelt, sei weg vom Fenster. Ihr werde Intellekt abgesprochen, sie werde emotionalisiert und zum Muttertier gemacht. Gräßlich, findet Birgit Vanderbeke: „Ich war nie ein Muttertier. Ich habe ein vernünftiges und klares Liebesverhältnis zu meinem Sohn und gleichzeitig zu meinem Mann. Ich habe keine Lust, eine Sekundärmacht zu entwickeln, auf die man dann als Frau ausweichen darf – auf diese sonderbare, häßliche, destruktive Familienmacht." Sie und ihr Mann spürten, dass sie ihr familiäres Zusammenleben in Deutschland nicht leben konnten, wie sie es sich wünschten.

Frankreich brachte Wärme, Offenheit, Entspannung. Die Familie zog ins Languedoc, in die Nähe von Uzès, in die Nähe eines klitzekleinen Städtchens – „auf der Höhe von Avignon, dreißig Kilometer der Rhône entlang ins Land rein". Umwerfend schön sei es da. Die Familie kaufte ein kleines Haus, kein altes südfranzösisches Bauernhaus. Eine „baraque sans formation", wie die Schriftstellerin schildert, eine strukturlose Bude, klein, hässlich, aus Beton, Küche, Bad, drei Zimmer, von denen zwei so winzig scheinen, dass sie eigentlich

unbewohnbar sind. Die drei schlossen das Haus ins Herz, weil es eine Terrasse und ein „riesengroßes Hanggrundstück" hat mit einem Blick, den die Franzosen als nicht nehmbar bezeichnen: „Er kann nicht zugebaut werden", erklärt Birgit Vanderbeke. Ein Friedhof unter ihnen garantiert auf ewig freie Sicht. „Man kann ganz weit ins Land gucken", schwärmt die Schriftstellerin, die im üppig wuchernden Garten Lavendel und Rosmarin angepflanzt hat, „wir haben einen Panoramablick von 180 Grad."

Ihr Mann, der Schreiner ist, richtete das Häuschen her, in der die Familie seit siebeneinhalb Jahren wohnt. Fünf Bücher von ihr sind dort entstanden. Seitdem sie das „Muschelessen" geschrieben hat, hat sie nicht mehr aufgehört zu schreiben. Neun Bücher innerhalb von zehn Jahren. Das klingt nach strammer Arbeit. „Ich arbeite außerordentlich diszipliniert", lächelt sie, „einen Monat im Jahr. Ich habe alle meine Bücher in drei, vier, höchstens fünf Wochen geschrieben." Natürlich arbeitet sie die übrigen Monate des Jahres auch, sagt sie, aber unsichtbar. Das sei die Zeit, in der eine Geschichte entsteht. Bis es sie eines Tages an den Schreibtisch zieht: „Das kann ich inzwischen steuern, wann das ungefähr ist, wann der Text da ist. Ich kann den Text auch dazu bringen, dass er dann da ist, man lernt sich ja im Laufe der Jahre kennen", gibt sie Einblick in künstlerische Prozesse. „Zumindest trage ich den Text so lange mit mir rum, bis er da ist. Vielleicht ist das eine weibliche Art." Ihr jüngstes Buchmanuskript „Abgehängt" hat sie beim An-die-Decke-gucken im Gipsbett ersonnen. Im Januar 2000 hatte ihr Mann sie von ihrer letzten Lesereise durch Deutschland zu „Ich sehe was, was du nicht siehst" abgeholt. Nur wenige Meter vor ihrem Zuhause in Frankreich nahm ihnen ein Autofahrer die Vorfahrt. Birgit Vanderbeke brach sich einen Rückenwirbel und lag fast ein halbes Jahr in starrem Weiß. Im August schrieb sie „Abgehängt", die Geschichte einer Frau, die Drohanrufe erhält. Dadurch werden Ängste ausgelöst, die mit der Gegenwart zu tun haben, mit Medien, Anonymität und Einsamkeit.

Der Monat des Schreibens sei sehr anstrengend, sagt Birgit Vanderbeke und es klingt, als sei das Schreiben nicht anstrengend. Überschwang hat in ihrem geschriebenen wie gesprochenen Wort keinen Platz. „Meine Familie weiß, wie das ist, wenn ich schreibe. Dann kümmere ich mich um gar nichts mehr, setze mich morgens früh an die Maschine, mache mittags zwei, drei Stunden Pause, schneide die Rosen oder fahre ans Meer und mache bis abends acht, neun Uhr weiter." So leicht ihr das Schreiben technisch von den Händen geht, so mühselig ist das konzentrierte Zusammenfügen von Gedanken in Sätze. Ein Schriftsteller muss sich sein Material aus sich selbst holen. Darum ist Schreiben körperlich strapaziös und Birgit Vanderbeke nimmt dabei immer ab. Kalorienreiche Kost lässt sie bei Kräften bleiben: „Als ich 'Gut genug' schrieb, habe ich mich vier Wochen lang fast nur von Grünkohl ernährt. Dazu trinke ich Unmengen an Wasser, zwischen vier und sechs Litern."

Nur wenige ihrer Leserinnen und Leser wissen, dass sie parallel zum „Muschelessen" ein zweites Buch publiziert hat: „Fresse schon meine Fingerspitzen wie Spargelköpfe" heißt es und umfasst kurios zu lesende, aus Hoffnung, Qual, Lust und Not entstandene „Bettel- und Brandbriefe von deutschen Schriftstellern". Birgit Vanderbeke gab sie als Noch-nicht-Schriftstellerin heraus. Sie war damals Anfang dreißig, gerade Mutter geworden und jobbte beim Rundfunk. Sie lektorierte Features. Nach einem Jahr befand sie: Das kann ich auch – schlug dem Redakteur das Thema Bettelbriefe von Schriftstellern vor. Als das Radio trotz der Zusage dann doch keine Sendung daraus erstellte, fragte sie den Luchterhand-Verlag, ob er nicht ein Buch daraus machen wolle. So arbeitete sie künftig morgens an den „Bettelbriefen", abends am „Muschelessen" und kümmerte sich dazwischen um Julian. Eigentlich hatte das „Muschelessen" auch bei Luchterhand veröffentlicht werden sollen, die Publikation zog sich hin, bis die Lektorin das Manuskript schließlich an die Kollegin vom Rotbuch-Verlag schickte. Beide Lektorinnen heckten sodann die Karriere der Birgit Vanderbeke aus – zumindest gaben sie den entscheidenden Anstoß, indem sie den Text ohne Wissen der Autorin nach Klagenfurt schickten. Prompt bekam ihr Schützling eine Einladung und die Lektorinnen beichteten weniger reumütig als entschlossen ihre Tat. Birgit Vanderbeke war nicht gerade begeistert. Sie hatte Angst. Klagenfurt bedeutete literarische Öffentlichkeit. Hier stellen vor allem Nachwuchsschreiber ihre Texte vor, es gibt Preise, Kontakte, Buchverträge, zumindest kann es Preise, Kontakte, Buchverträge geben – oder nichts von alledem. Willst du Schriftstellerin werden oder nicht?, fragte die Rotbuch-Lektorin. Wenn du Schriftstellerin werden willst, ist das ein Beruf, und wenn das ein Beruf sein soll, dann musst du dahin. Die Autorin erinnert sich genau an die klaren Worte. Der Verlag nötigte sie, sich ebenso klar zu entscheiden. Birgit Vanderbeke machte es sich nicht leicht – als Mutter eines kleinen Sohnes und Frau eines Handwerkers, der seinen Beruf nur zur Hälfte familienernährend ausüben soll, da er zu viele Unkosten mit sich bringt. Schriftstellerin werden zu wollen, erschien ihr gefährlich, gerade nach den nicht reißend verkauften „Bettelbriefen". Der Schriftsteller hat kein unverschleißbar gepolstertes Bankkonto. Dazu ist der Beruf unendlich kompliziert und schwer zu verkraften, wie die Vollblutautorin deutlich macht: „Er tut einfach wahnsinnig weh, weil man innere Vorgänge auf eine Art und Weise verarbeiten muss, dass sie dann zu äußerem Material werden und jeder sie anschauen, greifen, missverstehen, missdeuten, missbrauchen und gegen den Autor wenden kann. Das wird natürlich regelmäßig getan." Es sei gut, den einsamen Beruf des Schriftstellers mit ein, zwei Menschen zu teilen.

Durch Klagenfurt gelang ihr ein großartiger Auftritt in der literarischen Öffentlichkeit. Doch der Ingeborg-Bachmann-Preis zog nicht nur feierliche Oden der Rezensenten nach sich. Die Großkritik verriss das „Muschelessen". Birgit Vanderbeke trug schwer an der Kritik. Was sie ermutigte, waren die guten Verkaufszahlen. Das Buch ging zu Tausenden über den Ladentisch. Heute, zehn Jahre nach seinem Erscheinen, ist es zum Klassiker avanciert, der mehrfach aufgelegt worden ist und sich bislang rund 200.000 Mal verkauft hat. Inzwischen scheut sie die Öffentlichkeit nicht mehr, sie weiß, dass der Beruf neben der

Innenseite des Schreibens die Außenseite des Autorinnen-Daseins hat. „Anfangs fürchtete ich mich noch vor Publikum. Ich wusste nicht, was ein Interview ist, hatte Angst vor Mikrofonen, wusste nicht: Darf ich hier nein sagen?" Vor allem habe sie sich selbst skeptisch beäugt: Macht mich Erfolg eitel? Bin ich verführbar? „Erfolg ist ja so eine Sache. Jedenfalls habe ich herausgefunden, dass ich nicht eitel bin", sagt sie mit verschmitztem Lächeln. Es gab genug Anlässe, um zur Spieglein-Spieglein-Frau abzuheben. Im Winter 1997/98 zum Beispiel. Als sie „Alberta empfängt einen Liebhaber" vorlegte und das „Literarische Quartett" das Buch in höchsten Tönen lobte. „Grandios geschrieben und hocherotisch", bejubelte Marcel Reich-Ranicki die so komplizierte wie kuriose Liebesgeschichte zwischen Alberta und Nadan, die in den Siebziger Jahren begann, damals, als man für den Frieden und für den Vietkong küsste.

Mit „Alberta" – die Titelheldin heißt nach einer Katze der Autorin – hat Birgit Vanderbeke so gelassen wie temporeich, vergnügt, süffisant und unverhohlen eine Satire über Verliebtsein, Liebe, Liebessehnsucht und Liebeschimären geschrieben. Die Stärke von Birgit Vanderbeke ist auch hier ihre Lakonie, der trockene Witz, der ihre Sätze in überraschenden Pointen kulminieren lässt. *„Kurz vor Himmelfahrt sind wir durchgebrannt.*

Ende März hatten wir entdeckt, daß wir uns unser Leben lang immer schon lieben und geliebt haben, von Anfang an und bis zum Jüngsten Tag.

Es war nicht das erste Mal, dass wir diese Entdeckung machten, wir machen sie alle drei, vier Jahre, und was wir danach machen, ist sehr anstrengend und richtet gewaltigen Schaden an, und nach einer Zeit sind wir nicht mehr sicher, dass wir uns immer schon geliebt haben, und halten es für den fatalen Irrtum unseres Lebens, je geglaubt zu haben, wir könnten uns auch nur fünf Minuten gefahrlos in ein und demselben Raum beide gleichzeitig aufhalten, ohne daß irgendein Unglück passiert, aber eines Tages sind wir tatsächlich durchgebrannt, weil wir festgestellt hatten, dass man einer so großen Liebe wie unserer irgendwann einmal nachgeben muß, man kann sie nicht dauernd bekämpfen. Wir hatten dieser großen Liebe schon mehrmals versuchsweise nachgegeben und sie nach jedem Nachgeben mit all unserem Restverstand und allen verbliebenen Kräften bekämpft, weil es eine von diesen Lieben ist, die einen leicht erledigen können, wenn man sich nicht mit Händen und Füßen dagegen wehrt, aber sie ist alle paar Jahre hartnäckig wiedergekommen. Wie eine Heuschreckenplage." (Aus: Alberta empfängt einen Liebhaber)

Birgit Vanderbeke gab mit der virtuosen „Alberta" Lesungen, zu denen schon einmal vierhundert Menschen kamen. Da fiel es nicht immer leicht, eine kühle Distanz zu sich selbst zu wahren. Birgit Vanderbeke ließ sich nicht verführen, da sie wusste, dass schriftstellern bei allem Erfolg mühselig ist, erst recht für Frauen. „Obwohl ich mich nie diskriminiert gefühlt habe, weiß ich, dass schreibende Frauen weniger ernst genommen werden als schreibende Männer“, hat sie erfahren. Ein Begriff wie „Fräuleinwunder“ sei vernichtend. Junge Frauen hätten es überhaupt schwerer, ernst genommen zu werden. Beispiel Journalistinnen. Birgit Vanderbeke erinnert an den Hanns-Joachim-Friedrichs-Preis 2000, den sich drei Frauen – Gabi Bauer, Maybrit Illner und Sandra Maischberger – teilen mussten. Maybrit Illner sagte in ihrer Dankesrede, dass sie froh sein könnten, den Preis nur zu dritt bekommen zu haben und nicht zu sechst, denn die Lieblingspackung des Mannes sei der Sixpäck. „So ist es“, sagt die Schriftstellerin und verpasst, wie es typisch für sie ist, ohne großen Gestus verbale Backpfeifen: „Junge, hübsche, ordentlich geschminkte und ordentlich frisierte Frauen, die auch ein bisschen denken können und vielleicht so im Alter zwischen 30 und 35 sind, lassen sich prima sixpäckmäßig verbraten – dann haben sie schnellstens Platz zu machen für die nächsten jungen hübschen Frauen. Im Sixpäck sind sie auch wieder leichter zu entsorgen.“

Der Ungerechtigkeit der Männer gegenüber Frauen begegnet Birgit Vanderbeke mit funkelndem Sarkasmus. Der Literaturbetrieb, sagt sie, ebnet vor allem Männern den Weg, die dem Typus des alleinstehenden schwierigen und also extro- oder introvertierten Dichters entsprechen. Auf ihn sei die Autorenförderung zugeschnitten, weniger auf eine Frau wie sie, die ein Kind zu versorgen hat. Sie hat sich daher am Publikum orientiert, hat sich das Publikum erlesen und trotz anfänglicher Ängste immer den Dialog mit ihm gesucht. „Ich schreibe meinen Lesern nicht nach dem Maul, aber ich weiß, dass sie diejenigen sind, von denen ich lebe.“

Neun Bücher in zehn Jahren haben sie souveräner gemacht, trotzdem fühlt sie bei einer Neuerscheinung noch immer fiebrige Aufregung und ein bisschen Angst. Immer fragt sie sich: Wie wird es dem Geschöpf auf der Welt gehen? Bücher sind da wie Kinder – voller unvorhersehbarer Überraschungen. Birgit Vanderbeke wählt selbst den Vergleich: „Ich weiß von meinen Bücherkinderlein: Das eine hat’s leichter, das andere schwerer. Manches gerät in schwierige Konstellationen wie die ‘Friedlichen Zeiten’.“ Ihr Sorgenkind sei das Buch „Fehlende Teile“, ein Prosa-Kammerspiel um Liebe, inszenierte Lüge und Eifersucht, eine literarische Abrechnung mit dem Literaten Max Frisch und seinem Roman „Mein Name sei Gantenbein“. Erfundenes und Wahres verschwimmen in der fiktiven Wirklichkeit ineinander. „Das Buch würde ich heute nicht mehr machen, auch wenn es Leute gibt, die es für mein stärkstes halten.

Schon beim Schreiben hatte ich das Gefühl, das hält nicht zusammen, obwohl ich an meine Texte eigentlich immer die Anforderung stelle, dass sie literarisch konsistent sind." Bei „Ich will meinen Mord" – einem so kuriosen wie intelligenten Verwirrspiel aus mordlustigen Phantasien – hatte sie 25 Anfänge geschrieben, ehe einer stimmig war. Ihr liebstes Buch ist „Gut genug": „Weil ich damit etwas gemacht habe, was vor mir noch niemand gemacht hat – Kinderhaben literarisch auf fröhliche, realistische, grimmige Art und Weise zu beschreiben. Ich glaube schon, dass ich meine Bücher typisch Vanderbeke schreibe, aber in 'Gut genug' ist mir inhaltlich, thematisch und sprachlich etwas gelungen, was ich so bisher noch nicht gelesen habe."

1999 bekam Birgit Vanderbeke für ihr literarisches Werk den Solothurner Literaturpreis.

Am Ende des Interviews haben wir drei Thermoskannen – „Eimer", wie Birgit Vanderbeke sagt – geleert und uns den letzten Schlaf aus den Augen getrunken. Schmal sieht die Schriftstellerin aus, als wir ins Hotelfoyer gehen und uns voneinander verabschieden. Sie hat gerade ihr neuntes Buch, „Abgehängt", abgeschlossen und wieder viele Kalorien verschrieben. Morgen hat sie die nächste Verabredung zum Frühstück.

Maike Wetzel

„Wenn der Knoten platzt, wird Schreiben toll"

Maike Wetzel mag keine großen Worte. Lieber drückt sich die Autorin knapp aus, in ihren Texten wie im Gespräch. „Ich finde, das passt zu mir", sagt die zierliche Rothaarige mit der Milchglashaut. Sonnencreme mit Lichtschutzfaktor zwanzig reibt sie sich ins Gesicht, als wir am späten Frühsommernachmittag im Restaurantgarten von „Mario" sitzen und Apfelschorle aus Gläsern trinken, die mit ihren Böden wässrige Kreise auf die grün-weiß karierte Plastiktischdecke malen.

Rote Rosenblüten schmücken das Cover von Maike Wetzels Erzählband „Hochzeiten". Romantisch, ein Kontrastbild zum rigorosen Purismus ihrer Sprache. Sie habe immer schon sehr kurz geschrieben, teilt Maike Wetzel mit. Kurz, um selbst klar sehen zu können: „Ich kann auf dem Papier viel besser sagen, was ich denke oder fühle. Schreiben ist mein bestes Ausdrucksmittel." Die Autorin im grünbraunen Fleckenmuster-T-shirt und Cargohose lächelt zag, wirkt fast scheu.

Noch bleibt fürs Schreiben nur wenig Zeit, denn noch studiert Maike Wetzel an der Hochschule für Fernsehen und Film in München. Als angehende Abiturientin hatte sie sich die Bewerbungsunterlagen der Hochschule schicken lassen, die Aufnahmebedingungen „klangen nach Spaß", also machte sie mit. Eine Fotostory sollte inszeniert, ein angefangenes Drehbuch weitergesponnen werden. Die Anwärterin hatte die Prüfung geschafft noch ehe sie wusste, wie sie sich als Filmemacherin vorstellen sollte.

Eigentlich hatte Maike Wetzel immer schreiben wollen, beruflich schreiben: „Aber ich war mir nicht sicher", sie räuspert sich, „ob ich das kann." Verfluchte Unsicherheit, die zaghaft macht und den Blick verstellt. Maike „machte Geschichten", seitdem sie in der Schule Lesen lernte. Kleine Märchen, nicht großartig erwähnenswert in ihren Augen. Richtig angefangen zu schreiben hat sie mit fünfzehn, sechzehn, in einem Alter, in dem Mädchen und Jungen sich orientierungslos fühlen, sich hinter kraftstrotzenden Vokabeln verschanzen, weil so viel Neues passiert, das sich so schwer in Worte fassen lässt. Auch Maike suchte nach Worten. Doch war sie viel zu schüchtern, als dass sie sich lautstark Gehör verschafft hätte. Sie zog sich auf das Papier zurück, es umschloss ihren eigenen, ganz privaten Raum, in dem sie nichts zu befürchten hatte, durch den sie sich abgrenzen konnte. Sie schrieb nicht sehr viel, aber sehr ernsthaft. Sie feilte an Sätzen, strich und kürzte.

Dann begann die Atem beraubende Karriere einer schreibenden Schülerin. Als sie von dem Wettbewerb „Schüler schreiben" erfuhr, überwand sie ihre Schüchternheit und reichte eine Geschichte zu dem vorgeschriebenen Motto „Ein Käfig ging einen Vogel suchen" ein, die Möwe Jonathan war Pate für den Text: „Ich habe immer davon geträumt, fliegen zu können." Prompt wählte die Jury sie aus, nahm ihren Text in die Wettbewerbsanthologie auf und lud das talentierte Mädchen zum Workshop ein. Derart beflügelt nahm Maike zwei Jahre darauf noch einmal an dem Treffen teil, diesmal mit einem Text zu einem sensiblen Tabuthema: Kindesmissbrauch. Mit „Schüler schreiben" fing vieles erst an. Danach kam sie Jahr für Jahr mit schreibendem Nachwuchs und beratenden Profis zusammen, 1993 beim „Treffen junger Autoren", 1994 bei „Jugend schreibt", 1995 beim „Jungen Literaturforum Hessen-Thüringen". Sie erhielt Preise, gab Lesungen, war im Radio zu hören. In der Zeit zwischen fünfzehn und siebzehn dachte sie noch, „dass die sich geirrt haben mit mir". Sie fühlte sich nicht als repräsentative Schreiberin. Es gab keine dicke Mappe mit Geschichten. Gerade einmal hatte sie so viele Texte geschrieben, dass sie sie an einer Hand abzählen konnte. „Ich bin keine Vielschreiberin und kann nur phasenweise schreiben." Sie hatte Angst, als Schreiberin auf Dauer untauglich zu sein, vielleicht eines Tages gar nicht mehr schreiben zu können. „Ich kenne Leute, die mit viel größerer Vehemenz gesagt haben: Schreiben, das ist es, und wenn ich nebenbei als Kindergärtner arbeiten muss."

Doch fühlte sie sich unter schreibenden Menschen wohl, mit manchen, die sie damals kennen lernte, telefoniert und schreibt sie sich noch heute. Im Workshop tauschte sie sich mit den Kolleginnen und Kollegen aus, man verstand sich über das Schreiben und wusste, dass ein „literarisches Ich" nicht gleichbedeutend sein muss mit dem „autobiografischen Ich". Man war sich nah und doch wieder nicht. Anfangs zeigte Maike ihre Geschichten niemandem, den Eltern nicht, den Freunden nicht, den Lehrern nicht. Sie alle bekamen sie erst zu lesen, als sie in den Anthologien abgedruckt waren.

Auch im Journalismus sah Maike sich um. Mit fünfzehn, noch vor dem literarischen Steilflug, stiefelte sie in die Redaktion der „Mainspitzen", dem Lokalteil der „Mainzer Allgemeinen Zeitung", der in Maike Wetzels Heimatstadt Rüsselsheim erscheint. Sie wollte frei für das Blatt arbeiten. Man schickte sie

wieder weg, sie war noch zu jung. Mit sechzehn probierte sie es noch einmal. Sie war zwar scheu und zurückhaltend, sie war aber auch hartnäckig. Diesmal drückte man ihr die ersten Termine in die Hand. Ließ das Schulmädel über Kindertheater, freiwillige Feuerwehren und Konzerte berichten: „Ich hatte zwar keine Ahnung von Musik, aber war gut in bildlichen Formulierungen." Zu jung fühlte sie sich nie: „Das ging schon." Sie verdingte sich sehr gern als Journalistin, nicht weil der Job das Taschengeld aufpeppte: „Es war ein wichtiger Schritt für mich, das zu machen, weil ich lernte, mit meiner Schüchternheit umzugehen. Der Journalismus eröffnet einem den legalen Weg, auf Menschen zuzugehen. Das war für mich sehr befreiend und ermutigend."

Sie dachte daran, von Beruf Journalistin zu werden. Nach dem Abitur machte sie ein dreimonatiges Praktikum bei den „Mainspitzen" – „für den Fall, dass ich Journalistik studieren sollte". Heute schreibt die Autorin mitunter für Zeitschriften und Beilagen, Vollzeitjournalistin in einem redaktionellen Büro möchte sie nicht mehr sein: „Ich weiß nicht, ob ich ständig so einen Redaktionsalltag abkann. Ich empfinde das Zusammenarbeiten auf engem Raum als stressig und mag keine festen Arbeitszeiten. Ich verfüge lieber selbst über meine Zeit. Allerdings", schränkt sie lächelnd ein, „ist man viel gestresster, wenn man seinen Tag selbst koordinieren muss." Zum Beispiel als Studentin an der Filmhochschule.

Als sie die Aufnahmeprüfung geschafft hatte, nahm sie den Platz an, ohne recht zu wissen, was sie erwarten würde. „Es erschien mir reizvoll, Geschichten auf die Leinwand zu bringen." Sie stellte sich vor, vielleicht Drehbuchautorin zu werden. Zunächst galt es viel zu lernen: Gleich vom ersten Semester an sollte sie Kurzfilme von der ersten bis zur letzten Minute produzieren.

Maike Wetzel mag klare, metaphorische Bilder, beim Schreiben wie beim Filmen. Einmal drehte sie ein lyrisches Porträt von einem schreibenden Kollegen, den sie beim „Treffen junger Autoren" kennen gelernt hatte. „Der war damals auf die Bühne getreten, im kleinen Schwarzen, mit Federboa und in Pumps. Er war sechzehn, stand da mit schlotternden Knien und trug seine Gedichte vor. Das hat mir sehr imponiert." Sie drehte einen melancholischen Film, einen Film, der versucht, mit Hilfe des äußeren Blicks durch die Kamera Innenwelten zu skizzieren. Es gibt kein Interview, nur assoziative Bilder und Gedichte von einem jungen Menschen, der sich als Außenseiter fühlt.

Maike Wetzel möchte Menschen vorstellen, ihre Geschichten umreißen, Alltägliches und Originelles koppeln. Ein Jahr lang studierte sie in England. Im Strandbad Bournemouth drehte sie direkt am Pier, zeigte alteingesessene Strandwächter, Spielhallenbesitzer, Theaterdirektoren, „komische Leute, die mit Metalldetektoren den Strand nach Münzen absuchten". Und Nick, Pierwärter mit schlechten Zähnen und rotblondem Haarwuchs, der schon dreißig Sommer im Kassenhäuschen gesessen hatte. Im Winter zog er immer mit dem Rucksack durch den Fernen Osten. Das Schräge, Markige, Individuelle der Typen versuchte Maike Wetzel durch prägnante, sparsam eingesetzte Bilder herauszuschälen.

Tschernobyl stellte sie vor eine ihrer schwersten Aufgaben: „Das war sehr hart." ARD-Korrespondent Gerd Ruge unterrichtet an der Filmhochschule und macht einmal jährlich mit den Studentinnen und Studenten ein „Auslandsjournal". Er vermittelt den Nachwuchs an Korrespondentenbüros in aller Welt. Vor einer fünftägigen Stippvisite im deutschen Fernsehbüro in Moskau drehte Maike Wetzel zehn Tage lang gemeinsam mit einem professionellen russischen Kamerateam eine Reportage über das Leben nach der Reaktorkatastrophe in Tschernobyl. „Ich hatte schon eine Wahnsinnsangst wegen der Strahlenbelastung", gesteht sie. „Aber ich wollte es unbedingt machen, weil ich das Gefühl hatte, das ist richtig und bringt mir etwas."

Sie begleitete eine Familie, bei der sie auch untergebracht war, mit Mikrofon und Kamera durch den Alltag. Mutter, Vater und die 21-jährige Tochter lebten in einer Retortenstadt, die direkt nach der Explosion im Kernkraftwerk für die Arbeiterinnen und Arbeiter von Tschernobyl gebaut worden war, keine fünfzig Kilometer vom Reaktor entfernt. „Die fahren täglich mit dem Zug nach Tschernobyl. 6000 Leute arbeiten da noch." Nicht alle werden für ihre Arbeit bezahlt, das Ehepaar ihrer Fernsehfamilie hatte seit zwei Jahren keinen Lohn mehr gesehen, die Tochter ernährte die Familie allein. „Die wirtschaftliche Lage ist katastrophal. Das hat mich mehr bedrückt als alles andere", erinnert sich die 25-jährige Deutsche, die als Gast aus einer Wohlstandsgesellschaft Zeugin ständiger Armut war. „Es scheint kein politischer Ausweg da zu sein." Sie bewunderte die Leute dafür, dass sie „trotzdem gut drauf sind." Radioaktive Verseuchung sei „kein Thema": „Alle gehen ganz selbstverständlich damit um, alle essen Pilze und dann isst man die auch mit."

Die Dreharbeiten hielt sie nur mühsam durch. Es gab Momente, in denen sie am liebsten alles hingeschmissen hätte. Die deutsche Studentin war auf den Übersetzer angewiesen, die Interviews gestalteten sich dadurch komplizierter und konnten weniger einfühlsam geführt werden. „Das würde ich nie mehr tun – in einem Land drehen, wo ich gar nichts verstehe." Das Eingewöhnen in die russische Mentalität fiel ihr schwer, ebenso die intensive, tagelange enge Zusammenarbeit mit dem Fernsehteam. Einerseits fühlte sie sich allein und wollte es nicht sein, andererseits hätte sie sich zwischendurch gern einfach verkrochen und ihre Ruhe gehabt. So bereichernd sie die Zeit in der Ukraine empfand, so froh war sie, als die Reportage im Kasten war.

Nun musste etwas Leichtfüßiges her. Als einen „bunten, komischen, skurrilen, warmherzigen Film" beschreibt sie „Hochzeiten", die Verfilmung der Titelgeschichte ihres Buches. Sie hat den Streifen – der letzte vor dem großen Examensfilm – erst kurz vor unserem Interview abgedreht und ist in diesen Tagen dabei, ihn zu schneiden. „Hochzeiten" wickelt eine sarkastische, böse Geschichte ab. Rosalies Mutter will heiraten, einen Moslem: *„Meine Mutter hatte früher mit gebrauchten Autos gehandelt. Sie wusste, was man drehen und was man besser lassen sollte. Ich hab mir da nie Sorgen gemacht. Sie hatte ein einsames Leben gehabt, und Faisal füllte ihre Mitte",* konstatiert Rosalie in der Erzählung. Rosalie ärgert sich, ihr Geliebter ist verheiratet, will keine Kinder mit ihr und die Mutter wirft ihr vor, sie habe keine Ahnung von Männern. Die Tochter rächt sich, schaut klammheimlich beim Verlobten der Mutter vorbei und trägt Monate später den Bauch „wie eine Kokosnuss unterm Hemd".

Wie unterschiedlich Filmen und Schreiben sind, spürte Maike Wetzel gerade beim Verfilmen der eigenen Erzählung. Filme zu machen bedeutet, mit an-

deren zusammenzuarbeiten, auf andere angewiesen zu sein, auf das Kamerateam, die Interviewpartner, die Techniker danach. Ihre Kompetenzen und Launen beeinflussen vieles. Filme zu machen bedeutet, mit Außenperspektiven zu arbeiten. Zu schreiben bedeutet, sich in die Isolation zurückzuziehen, auf niemanden, nur auf sich angewiesen zu sein. Zu schreiben bedeutet, mit Innenperspektiven zu arbeiten. Die Gleise zweigen sich, Filmen hier, Schreiben dort – oder umgekehrt: Filmen dort, Schreiben hier. Das eine liegt ihr näher als das andere.

Die Sehnsucht nach stiller Unabhängigkeit führt die introvertierte Frau immer wieder an den Schreibtisch. Dort sitzt sie dann, bei Brotcrackern, Keksen und Chips, einen Tag lang, zwei oder drei Tage lang, manchmal fluchend, weil ihr keine Geschichte einfällt und das Papier sie weiß und unverhohlen anstarrt. „Irgendwann aber platzt der Knoten. Dann wird Schreiben toll: Wenn es richtig fließt." Die Situation selbst muss sie dazu bringen, die Stunden am Schreibtisch müssen es, denn Maike Wetzel verwahrt keine Geschichten, keine Ideen im Hirn, erst auf dem Papier entstehen sie und nehmen sie mit auf eine Reise, deren Ende sie selbst nicht kennt. Manchmal geht Schreiben schnell. An der Erzählung „Hochzeiten" hat sie zwei Tage geschrieben. Sie bekam ein Auto dafür, einen kleinen Lancia, der als erster Preis zum Literaturwettbewerb der Zeitschrift „Allegra" ausgelobt worden war. Den Wagen verkaufte die glückliche Gewinnerin, der Titel „Allegra"-Preisträgerin '99 bleibt ihr – genauso wie der „Lesberatur-Preis" 1995, der „Stockstädter Literaturpreis" 1997/98 und der 3. Platz beim „Bettina-von-Arnim-Preis" 1997, den die Zeitschrift „Brigitte" ihr als bislang jüngster Gewinnerin zusprach. Eine Lorbeerengalerie, die staunen macht. Wer kann da schon mithalten von jüngeren oder älteren Kollegen? Offenkundig trifft die Nachwuchsautorin den richtigen Ton – oder besser: einen Ton, der nachhaltig wirkt und berührt. Schriftstellerin Ingrid Noll befand in ihrer Laudatio bei der „Brigitte"-Preisverleihung, dass Maike Wetzel die seltene Gabe habe, „Interesse für ihre Personen zu wecken und dem Leser eine fremde Gefühlswelt glaubwürdig zu vermitteln". Tankred Dorst, Schriftsteller, Dramatiker und Dozent an der Münchener Filmhochschule, urteilte treffender: „Maike Wetzel hat ihre Geschichten und Personen aus dem diffusen Durcheinander des Lebens scharfkantig herausgerissen, lapidar und poetisch."

Wer sind ihre Personen? Frauen und Männer wie Jule und Gunnar, die sich bei einer Autopanne in Schweden kennen lernen und Sex hinterm Busch haben, wobei es riecht und klebt „wie Erdbeereis". Typen wie Edda und Frank, die auf einer schwankenden Brücke hocken und die Schuhe nach Kategorien – Stiefel, Pumps, Turnschuhe – zählen. Junge Menschen, vergnügungssüchtige Youngster, die durch die „Love Parade" wabern, aufputschende Pillen schlucken und Pfannkuchen essen. Alte Menschen, wie Lou, Insassin eines Pflegeheims und im Fokus männlicher Sehnsucht: *„Wenn der Abend durch den Himmel fällt, denkt Lou, sie habe sich mit Blausäure tätowiert. Sie sitzt am Fenster und fährt über ihre blau gesprenkelten Arme, als ob sie eine Violinsaite striche. Lou ist die Schönste von uns. Wir lassen ihr das Bett am Fenster und die silbernen Schläppchen, die sie nie tragen darf."*

Maike Wetzels Geschichten sind keine von sozialkritischem oder moralischem Engagement. Sie geben unvermittelt Lebensaugenblicke wieder, Ist-

und Seinszustände, Trance- und Wachzustände, Liebeszustände, die vage umfasst werden, oft nur angedeutet werden und beiläufig Überraschungen parat halten. Es dauert acht Seiten, ehe sich in der Erzählung „Nachsaison" die Sommerliebe zwischen Marie, die als Mutter einer Tochter mit einem Mann zusammenlebt, und der Ich-Figur plötzlich als wunderschöne Frauenliebe offenbart: *„Ich rufe sie an. Sie meldet sich mit ihrem Nachnamen. Das tut weh. Sonst hat sie laut Bismarckhering in den Hörer gebrüllt, um dann leise zu lachen und zu fragen: Hallo? Bist du's? Ich lege auf. Ich habe nicht geschrieben. Ich habe gewartet und gelernt. In meiner Koje stapeln sich Papiere. Ich stehe nicht mehr auf. Zur Küche führt eine Krümelspur. Prinzenrollen. Ersatzfutter. Meine Tage sind ausgeblieben. Ich bin wohl schwanger von ihr."*

Maike Wetzel stattet ihre Geschichten mit spartanischer Ästhetik aus. Mitunter erinnern sie an geschliffenes Glas, das prismenartig schillert oder kühl in der Hand liegt. Manchem mögen sie unnahbar erscheinen, da die knappe Form den Inhalt beherrscht. Das Gefühl steckt in der Kargheit. Am liebsten ist ihr selbst die Erzählung „Der König", weil die „wahrscheinlich sehr nah an meinen Gefühlen für meine Schwester dran ist – denn das ist das Entscheidende an der Geschichte: was die Erzählerin für ein Gefühl für ihre Schwester hat". Maike Wetzels Schwester ist vier Jahre jünger und studiert Kulturwissenschaften. Im „König" schildert die Autorin traute Zweisamkeit zweier Geschwistermädchen, fröhliche Rivalität und zärtliche Verbundenheit, aber auch beklemmende Angst und Sorge der Älteren um die Jüngere.

Ein Buch hatte Maike Wetzel nicht geplant. Sie war zum heiß begehrten Klagenfurter Literaturkurs eingeladen worden. Eine Literaturagentin wurde aufmerksam auf das Talent, ließ sich von der jungen Autorin sogleich die Erzählungen schicken und revanchierte sich kurz darauf mit einem Buchvertrag, den sie beim Fischer-Verlag für ihren Schützling zu Stande gekriegt hatte.

Seitdem die „Hochzeiten" als Erzählband gedruckt sind, geht es Maike Wetzel „besser als vorher". Das Buch macht sie selbstbewusster. Es ist etwas zum Festhalten. Etwas zum Herzeigen und In-die-Hand-drücken, „ohne ein Wort sagen zu müssen". Das Buch gibt ihr eine breite Anerkennung durch jede Menge gute Kritiken, Einladungen, ein viermonatiges Stipendium beim Literarischen Colloquium in Berlin. Endlich gelingt es ihr, sich als schreibende Frau zu verstehen. Übermütig stellte sie sich einmal in einer Buchhandlung neben einen Stapel „Hochzeiten", auf den ein Plakat mit ihrem Bild hinwies. Dass keiner sie erkannte, fand sie nur lustig. Hauptsache, das Buch selbst wird wahrgenommen. „Hochzeiten" war eben gerade auf dem Büchermarkt angekommen, als Maike Wetzel schon als neue Stimme im Chor des „Fräuleinwunders" galt. Das fand sie nicht nur lustig: „Durch den Begriff Fräuleinwunder werden Frauen klein gemacht." Und Leserinnen und Leser misstrauisch: „Die kommen dann zu den Lesungen und lauern: Was ist hier Marketing? Einem wird permanent unterstellt, dass man ein Marketingartikel ist. Dass alles, was man sagt und macht, Marketing sei." Die Forderung nach einem Image als Schriftstellerin macht es einem nicht leichter, natürlich authentisch zu bleiben: „Man wird gezwungen, sich über Außenwirkung Gedanken zu machen. Ich gebe permanent Interviews, wo es um meine Person geht, nicht um das Buch." Das nervt, macht auf Dauer aber auch professionell im Umgang mit den Medien und den Rezipienten. Lesungen bereiten ihr immer weniger Herzklopfen: „Ich bin tendenziell noch schüchtern, aber wenn man mir einen Rahmen gibt, bei dem ich weiß, was von mir verlangt wird, legt sich das. Das ist wie bei dem Schauspieler, der im Leben schüchtern ist, aber nicht auf der Bühne."

Was nach dem Studium an der Filmhochschule sein wird, weiß Maike Wetzel nicht genau. Zumindest möchte sie künstlerisch arbeiten, das heißt frei arbeiten: „Künstlerisch tätig zu sein und dabei fest angestellt zu sein – so etwas gibt es nicht." So wie sie es wichtig findet, „dass man mich so sein lässt, wie ich bin", möchte sie andere so sein lassen, wie sie sind und niemandem in seine Arbeit hereinreden.

Ganz genau weiß Maike Wetzel, dass sie weiter schreiben wird. Daran kann sie jetzt selbst glauben. „Vielleicht werde ich irgendwann einmal einen Roman probieren." Ihr erstes Buch war innerhalb weniger Wochen schon in der ersten Auflage vergriffen. Das erste Buch, war das damals ein Traum, der in Erfüllung ging? „Ja", sagt sie. Knapp und klar.

Literatur

Erpenbeck, Jenny (geb. 1967 in Berlin/Ost):
Geschichte vom alten Kind. Eichborn, Frankfurt am Main 1999.

Franck, Julia (geb. 1970 in Berlin/Ost):
Der neue Koch. Ammann, Zürich 1997.
Liebediener. DuMont, Köln 1999.
Bauchlandung. Geschichten zum Anfassen. DuMont, Köln 2000.

Hermann, Judith (geb. 1970 in Berlin/West):
Sommerhaus, später. Fischer, Frankfurt am Main 1998.

Hoppe, Felicitas (geb. 1960 in Hameln):
Picknick der Friseure. Rowohlt, Reinbek bei Hamburg 1996.
Pigafetta. Rowohlt, Reinbek bei Hamburg 1999.

Jenny, Zoë (geb. 1974 in Basel):
Das Blütenstaubzimmer. Frankfurter Verlagsanstalt (FVA), Frankfurt am Main 1997.
Der Ruf des Muschelhorns. Frankfurter Verlagsanstalt (FVA), Frankfurt am Main 2000.
Mittelpünktchens Reise um die Welt. Hanser, München/Wien 2001.

Kremser, Stefanie (geb. 1967 in Düsseldorf):
Postkarte aus Copacabana. Piper, München 2000.

Langer, Tanja (geb. 1962 in Wiesbaden):
Cap Esterel. Volk und Welt, Berlin 1999.

Poppe, Grit (geb. 1964 in Boltenhagen an der Ostsee):
Andere Umstände. Berlin Verlag, Berlin 1998.
Alabusch oder das Herz des Vulkans. Altberliner Verlag, Berlin 1999.

Röggla, Kathrin (geb. 1971 in Salzburg):
Niemand lacht rückwärts. Residenz Verlag, Salzburg/Wien 1995.
Abrauschen. Residenz Verlag, Salzburg/Wien 1997.
Irres Wetter. Residenz Verlag, Salzburg/Wien 2000.

Vanderbeke, Birgit (geb. 1955 in Dahme/Brandenburg):
Das Muschelessen. Rotbuch Verlag, Berlin 1990.
Fehlende Teile. Rotbuch Verlag, Berlin 1992.
Gut genug. Rotbuch Verlag, Berlin 1993.
Ich will meinen Mord. Rowohlt Berlin, Berlin 1995.
Friedliche Zeiten. Rotbuch Verlag, Berlin 1996.
Alberta empfängt einen Liebhaber. Alexander Fest, Berlin 1997.
Ich sehe was, was du nicht siehst. Alexander Fest, Berlin 1999.
Abgehängt. Fischer, Frankfurt am Main 2001.
Vanderbeke, Birgit (Hg.): Fresse schon meine Fingerspitzen wie Spargelköpfe. Bettel- und Brandbriefe von deutschen Schriftstellern. Luchterhand, Frankfurt am Main 1990.

Wetzel, Maike (geb. 1974 in Nauheim):
Hochzeiten. Fischer, Frankfurt am Main 2000.

Anthologien (u.a.):

Becker, Jürgen B. und Janetzki, Ulrich (Hg.): Helden wie Ihr. Junge Autoren über ihre literarischen Vorbilder. Mit Tanja Langer u.a. Quadriga, Berlin 2000.

Enderlein, Anne und Kister, Cornelie: Eiszeit. 25 Autoren schlottern vor Kälte. Aufbau Verlag, Berlin 2000.

Fried, Amelie (Hg.): Wann bitte findet das Leben statt? Mit Beiträgen u.a. von Felicitas Hoppe, Zoë Jenny, Grit Poppe. Rowohlt, Reinbek bei Hamburg 1999.

Melis, Dorothea: Die Berlinerin. Fotografien und Geschichten. Schwarzkopf und Schwarzkopf, Berlin 2000.

Ostermeyer, Ulrike und Zeitz, Sophie: West-östliche Diven. Mit Beiträgen u.a. von Julia Franck, Maike Wetzel. Dtv, München 2000.

Rehlein, Susann (Hg.): Bitte streicheln Sie hier. Mit Beiträgen u.a. von Julia Franck, Tanja Langer. Eichborn, Frankfurt am Main 2000.

Herzlich danken möchte ich

Brigitte Ebersbach und Ilka Litzke für die Verwirklichung des Buches,

Christa Bruns, Miriam Gera, Eva Goslar, Petra Klatt, Gudrun Köhler, Imke Oltmanns fürs Lesen einzelner Porträts,

Gabi Heinrich und ihren Mitarbeiterinnen für bibliografische Auskünfte,

Hilka Reents fürs Rundumkorrigieren,

meinem Bruder Detlef Eden fürs Lesen und für die Gestaltung des Covers.

Besonders danken möchte ich Stefan Lange und Helga Habsch für alles, was sie für mich getan haben.

Fotonachweis

Jürgen Bauer: 35, 107, 117, 123

Wiebke Eden: 13, 16, 24, 27, 29, 47, 48, 67, 69, 81, 85, 95, 99, 108, 111, 118, 131, 134

Renate von Mangoldt: 38, 61

Ute Karen Seggelke: 57

Von derselben Autorin:

Wiebke Eden

Im Gespräch: Journalistinnen

160 Seiten, 31 Abb., Klappenbroschur

ISBN 3-934703-08-9

Gabi Bauer, Bettina Böttinger, Anna Doubek, Anke Engelke, Petra Gerster, Conny Hermann, Luc Jochimsen, Sonia Mikich, Lea Rosh, Alice Schwarzer, Anne Volk

Sie sind elf Galionsfrauen des deutschen Journalismus. Durch beispielhaftes Engagement haben sie in einem öffentlich wirksamen Beruf, der einmal eine Männerdomäne war, Meilensteine gesetzt. Ob im Nachrichtenmagazin, Frauenjournal oder in der feministischen Zeitschrift – das Publikum, mitunter Millionen von Menschen, informieren und beeinflussen sie auf vielfältige Art. Wie aber sieht das Leben dieser Frauen hinter den Kulissen aus? Welche Wege sind sie gegangen? Wie schätzen sie selbst ihre öffentliche Wirkungskraft ein? Wie halten sie dem Druck von außen stand?

In den Gesprächen mit Wiebke Eden sind die elf Top-Journalistinnen einmal nicht die Fragenden, sondern die Gefragten, die von den Sonnen- und Schattenseiten ihres Berufs berichten, von Höhenflügen und Tiefschlägen, von Erfüllung und Verzicht. So entstehen Porträts von elf couragierten Frauen, die ihre Stärke aus persönlicher Überzeugung beziehen und darum Unbequemlichkeit niemals scheuen.

edition ebersbach

www.edition-ebersbach.de

Von derselben Autorin:

Wiebke Eden

Im Gespräch: Journalistinnen

160 Seiten, 31 Abb., Klappenbroschur
ISBN 3-934703-08-9

Gabi Bauer, Bettina Böttinger, Anna Doubek, Anke Engelke, Petra Gerster, Conny Hermann, Luc Jochimsen, Sonia Mikich, Lea Rosh, Alice Schwarzer, Anne Volk

Sie sind elf Galionsfrauen des deutschen Journalismus. Durch beispielhaftes Engagement haben sie in einem öffentlich wirksamen Beruf, der einmal eine Männerdomäne war, Meilensteine gesetzt. Ob im Nachrichtenmagazin, Frauenjournal oder in der feministischen Zeitschrift – das Publikum, mitunter Millionen von Menschen, informieren und beeinflussen sie auf vielfältige Art. Wie aber sieht das Leben dieser Frauen hinter den Kulissen aus? Welche Wege sind sie gegangen? Wie schätzen sie selbst ihre öffentliche Wirkungskraft ein? Wie halten sie dem Druck von außen stand?

In den Gesprächen mit Wiebke Eden sind die elf Top-Journalistinnen einmal nicht die Fragenden, sondern die Gefragten, die von den Sonnen- und Schattenseiten ihres Berufs berichten, von Höhenflügen und Tiefschlägen, von Erfüllung und Verzicht. So entstehen Porträts von elf couragierten Frauen, die ihre Stärke aus persönlicher Überzeugung beziehen und darum Unbequemlichkeit niemals scheuen.

edition ebersbach

www.edition-ebersbach.de